分権と改革

時代の文脈を読む

新藤宗幸

世織書房

はじめに

二〇〇三年十一月九日に投開票された衆議院総選挙は、「政権選択の選挙」といわれた。衆議院は日本の憲法構造からいって「最高権力機関」なのであり、つねに総選挙は政権選択の機会である。「政権選択の選挙」とあらためて強調されたことに、どことなくおかしさを感じたのは筆者だけであろうか。もっとも、日本の政治を振り返ってみれば、自民・社会の二大政党が対抗しているかのようにみえた「一九五五年体制」のもとにおいて、有力野党である社会党は全員当選しても過半数にいたらない候補者しか擁立しなかった。「万年野党」は総選挙の結果ではなく、はじめから「安住の郷」であったとさえいえる。こうした情況が長らく続いてきたからか、衆議院総選挙が政権選択の機会であり、そのための権利行使の場であるとする認識は、今日にいたってもなお希薄である。

総選挙にむけて小沢一郎率いる自由党と合同した民主党は、政権をかけた選挙と位置づけ、マスコミもそろって連日のように「政権選択の選挙」と煽りたてた。だが、民主党は一七七議席と「躍進」

したものの、政権党の座をえることはできなかった。自民・公明・保守新党の連立政権（総選挙後は保守新党の解党・自民党への合流によって自民・公明の連立政権）が選択された。政権の奪取をかかげた民主党は「敗北」したともいえるが、それ以上に問題視しておきたいのは、投票率が前回二〇〇〇年の総選挙をさらに下回り、戦後の総選挙史上二番目の低さだったことだ。自民・公明の連立政権が選択されたとはいえ、その拠ってたつ基盤は縮小しているばかりか、政治の空間自体が痩せ細ってしまっている。

「この国の有権者は政治を、つまりは政権を変えてみようと真剣に思っていないのではないか」とは、外国通信社の東京特派員の言葉だ。一日本人としてもそう考えたくなってくる。実際、「失われた一〇年」などと他人事のように経済、社会や政治をみている時代ではないだろう。

大学生の就職内定率は六〇パーセントである。女子高校生にいたっては三〇パーセントという惨たんたる情況である。職に就くこと自体がはじめからはばまれている。現に職に就いている者にもリストラの名による解雇が常態となっている。年金制度の改革論はにぎやかだが、確たる将来展望をもっている者などいない情況である。失業、雇用不安、家庭の崩壊、将来への不安などが、ますますこの国の「再生」をむずかしくしている。

藤森克彦は『構造改革ブレア流』（TBSブリタニカ、二〇〇二年）でサッチャー時代のイギリス社会を「社会的排除」なるキーワードで描いてみせたが、日本社会にも「社会的排除」が進行しているといってよい。つまり、低所得のためスキルをつけるだけの資本がなく、スキルがないために職をえることができず、職がないために低所得という悪循環である。そしてこの悪循環にいったん陥ると、そこから抜けだすことは自助努力ではいかんともし難くなる。「自民党は改革政党です」というが、強調されている「改革」は、サッチャー政権時代のイギリス同様に「悔しかったらがんばりなさい」の自助努力・自己責任でしかない。

日本政治の始末の悪さは、こうした新保守主義が強調される一方において、なお「現世利益」の追求を指向する集団が、政治権力の中枢にどっしり位置していることだ。それは権力の座にあることによって利権を維持しつづけようとする自民党内「守旧派」のみではない。自民党と連立を組むことによって支持層に「現世利益」を還元しようとする公明党もまたしかりである。

しかし、これら政権与党以上に「現世利益」を追求しているのは、官僚機構であるといってよい。近代化過程で巨大に成長してきた官僚機構にたいしては、これまで幾度となくその「改革」が政治のアジェンダとされてきた。二〇〇一年の行政改革もタテマエのみをいうならば、ポスト近代化時代にふさわしい行政システムを築こうとするものだったが、実態として何が変わっているだろうか。

「明確に禁止されていること以外は、すべて霞ヶ関にお伺いをたてねばならない」とは、ある知事経験者の発言だが、市民からみるならば、霞ヶ関のみならず県庁・市役所にまでいたるシステムとして、官僚主導体制がつくられている。そして権限、財源、情報を背景として、組織利益の追求がはかられている。「現世利益」にたった政治家たちの要求に応えることで組織のリソースが強化される。第三子への児童手当の増額と支給期間の延長でほくそえんでいるのは厚生労働省だ。政治家たちの「批判」には換骨奪胎によって応える。特殊法人がつぎつぎと独立行政法人に衣替えしていくことなどその典型である。政権のいう「自助努力・自己責任」には、競争の促進を指導・指示していく。「ゆとりの教育」をいったかと思えば、基礎・基本の学習強化と学校間競争を指示し、さらには塾での学習を指導している昨今の文部科学省の姿勢に、端的に物語られていよう。

多くの市民は、近代化以来の官僚機構を中軸とした政治・行政システムこそ、一向にすすまない「改革」の根源的理由であると気がついていよう。とはいえ、このシステムの改革が「遠大」すぎて空虚さだけが募っているのも事実である。

しかし、「社会的排除」情況の深まりに身をゆだねるのか、それとも血の通ったみずみずしい社会をつくるのかが問われるならば、後者を選択せねばならないはずである。そのためには、いま、この社会に「当然のこと」のように生起するひとつひとつの出来事の意味を透視してみることではないか。そして、新たなシステムを描いていくことではないか。

おりしも国民保護法制だという。大規模地上戦にさいして国民の保護がはかられねばならないという。なるほど一見すると妥当な議論だ。だが前提とされている大規模地上戦以前に、広島・長崎の惨劇をあげるまでもなく「地上の楽園」は消えうせていよう。補助・負担金の改革と所得税を中心とした国税の地方移譲だという。しかも、その規模は野党、地方政治家によってオークションのごとく吊り上げられている。これまた官僚主導体制の改革にとって不可欠なことはいうまでもない。だが、その後の地域間の財政調整システムをいわないのなら、「自助努力・自己責任」を強調する小泉構造改革とレベルは同一である。思考能力をきちんと備えた法曹養成のために法科大学院だという。このかぎりでは正しい。だが大学院修了までに一千万円からの学費を支払える学生とは、この時代にどのような階層の人間か。そんな人間が多数をしめた法曹界の姿を想像すべきだろう。

政治がみずみずしさを回復していくためには、市民のレベルから社会の文脈を解き明かす以外にない。総選挙時に「政党間に違いがなくなったから政権選択の道が拓けた」と述べた評論家がいた。いい得て妙なのだが、「違いがないなら政権与党でもよし」ともなるし、棄権票も増えていく。市民のあいだで時代の文脈を読み解く動きがたかまらないかぎり、政党間に断層はつくられないし政治に地殻変動はおきない。

二一世紀初めての衆院総選挙は、一次方程式の羅列ではなく多元連立方程式ともいえるマニフェストをもって、政治と社会の将来像をしめすべきことを教えている。そのためにも、総選挙結果は政治家のみならず私たちに、日常行動の再考を問うているというべきだろう。

分権と改革

目次

Ⅲ 地方分権への方途

I

批判「構造改革」

構造改革＝中央政府権力の強化を批判する

中央政府権力の強化が進められている

【「分権」の実態と新国家主義】

一九九〇年代に「地方分権」は、一躍時代の政治的アジェンダ（議題）に押し上げられた。いまや、与野党ともに「地方分権」を語らない政党は存在しないし、経済界もまたその重要性を訴えている。

しかし、二〇〇一年四月の小泉純一郎政権の誕生後、「地方分権」に込められた政治的意味内容は明らかに変化している。「自己責任・自己決定の時代」「地方のことは地方で」の言葉は、なるほど地方分権型社会の言語シンボルとしての意味をもつ。とはいえ、こうした言語シンボルを強調しつつ政権が進めているのは、「国家財政の身軽化」であり、地方制度の再編による中央政府権力の強化であるといってよい。そこには中央―地方の政府間の構造を地方分権型に組み替える発想は、まったく欠如している。

＊

小泉政権の進める「地方分権改革」の政治的意味内容をはからずも明らかにしたのは、地方分権改革推進会議である。

二〇〇一年六月、地方分権推進委員会の「最終報告」は、今後の地方分権改革の課題を国税から地方税への移譲を機軸とした補助・負担金改革と地方交付税制度改革に設定した。これは後に「三位一体の改革」と表現される。二〇〇〇年四月の地方分権推進一括法に結実した第一次地方分権改革は、いわゆる関与の緩和であった。中央各省の自治体行政に対する関与（規制）の緩和、とりわけ機関委任事務制度の廃止によって中央各省と自治体の関係は、法制度上対等な関係へと改革された。

しかし、これはあくまで関与の緩和であり、行政権限の自治体への移管や、国税と地方税の税源配分の転換をもたらしたものではない。この意味で、三位一体の改革は第二次地方分権改革のアジェンダとして正当である。もっとも、自治体側にそれをもとめる意欲が備わっているかどうかは、また別の問題なのだが……。

ともあれ、地方分権改革推進会議は、この地方分権推進委員会の「遺言」を具体化すべく、内閣府の政令で設置された。もともと、三位一体の改革は「三すくみ状態」に陥る危険性を秘めている。つまり、補助・負担金の廃止には推進派だが国税の移譲に抵抗する財務省、地方交付税制度の縮小を危惧する総務省、補助・負担金の廃止が権限縮小につながるゆえに抵抗する事業官庁の三すくみである。

地方分権改革推進会議のメンバーは、スタート段階において「三すくみ状態」から無縁のようにみえた。だが、その後の審議過程において財務省の「代理人」が多数を占める。小泉政権の『経済財政運営と構造改革に関する基本方針2003』(「骨太の方針・第3弾」)の作成を控えて、三位一体の改革の具体策をとりまとめた地方分権改革推進会議は、五月に八兆円規模の補助・負担金の廃止をいいつつも、国税と地方税の税源配分は将来の増税時の課題とし、地方交付税制度については「地方共同税」なる概念不明な財政調整システムを提示した。地方分権改革推進会議は「国及び地方公共団体の危機的な財政状況を踏まえれば」と随所で強調するが、これでは国家財政を身軽化しようとする策以外のなにものでもない。

＊

さすがに、この地方分権改革推進会議の「報告」は、政府部内はもとより自治体側の反発を呼び起こした。六月二七日に閣議決定された「骨太の方針・第3弾」は、三位一体の改革に関して、①二〇〇四年度から三年間に四兆円規模の補助・負担金を廃止する、②これに応じて義務的経費については全額、その他については八〇パーセントをめどに、基幹税を中心として国税の地方税への移譲を図る、③地方交付税については財源保障機能を圧縮し、不交付団体の人口の割合を高めるとした。

自治体側や総務省サイドに「安堵」の声が上がったのも事実だが、国家財政の縮小のために地方の自助努力と市場における競争を徹底しようとする小泉構造改革にブレーキが踏まれたとみるのは間違いだ。「骨太の方針・第3弾」は、補助・負担金の廃止とそれに見合う税源移譲を語ってはいるが、いかなる補助・負担金を対象とするかは一切記載していない。実は、「骨太の方針・第3弾」のミソは、基幹税を中心とした国税の移譲にある。これまた具体的税目を記していないのだが、国会等で塩川財務相、片山総務相ともに、基幹税とは所得税、法人税をさすとも語っている。自治体側とりわけ知事のなかには、それを「歓迎」するどころか、驚きの声すらあがっている。

機関委任事務制度の廃止にいたった第一次地方分権改革までは、自治体側にも熱気があった。だが、小泉政権による中央―自治体関係の「構造改革」になると、熱気は冷めているばかりか政権の言動に関する洞察力を欠いてはいまいか。三兆円規模の所得税、法人税の移譲が実現するとしても、それを「歓迎」するのは誤っている。税制はしょせん技術の体系であり、各段階の政府の機能に応じて工夫されねばならない。地方分権改革の目標のひとつは、地域における生活者の政府を確立することにある。とすれば、広域自治体と基礎自治体にとって共通した関心事とされるべきは、税源が偏在せず経済変動に左右されない税を基幹の地方税とすることだ。

一九四九年の第一次シャウプ勧告が、市町村の税として固定資産税を、府県の税として付加価値税を大宗とすべきと述べた理由もここにある。仮に、所得税と法人税の一部が地方に移譲されたとする。国税と地方税のシェアはマクロ的には、その分だけ地方税の側に偏る。だが、税源の偏在は著しいのであって、少しミクロにみれば特定地域だけを潤すことになる。

「骨太の方針・第3弾」が地方交付税原資の縮小をいいつつ、不交付団体数ではなく不交付団体の人口数の増加を語ったのも、基幹税の移譲と密着している。所得税、法人税移譲によって潤うのは、国土のわずかに四・五パーセントの他に、三千万人＝全人口の二五パーセントが暮らす東京大都市圏である。これ以外の地域では、地方交付税制度の外形は維持されても財源は縮小する。要するに、それぞれの地方は「身の丈に応じて、分相応に暮らせ」といわれているに等しいのだ。小泉構造改革としての三位一体の改革が指向するものは、国家財政機能の縮小にほかならない。

＊

「地方よ！　それぞれ自己責任で生きよ」とする小泉構造改革は、すでにここ二、三年にわたる市町村合併をめぐる狂騒曲となってあらわれている。

政権が市町村合併を強力にすすめている直接的要因は、地方交付税特別会計の極端な財政悪化にある。一九九一年度に地方交付税特別会計の借金残高は約六千七百億円であったが、二〇〇三年度には実に四八兆五千億円となっている。こうした極端な財政悪化をもたらしたのは、九〇年代後半における景気対策としての公共事業費支出の拡張にある。橋本政権は九五年に国税・地方税の減税を実施した。この時には歳出の削減を同時に図るものでもあった。だが、小渕政権の成立とともに減税は継続されつつ公共事業費の拡張へと転じた。

もともと、集権融合型の中央―自治体関係にあっては、公共事業費の大半は補助金であって自治体によって消化される。逆にいうと、見せ掛けであれ自治体財政は補助金消化の条件を備えていなくてはならない。地方税収入は減税による減収に加えて不況の深刻化によって低迷している。地方交付税交付金によって自治体財政の「健全化」を図らねばならない。こうして一般会計から地方交付税特別会計への繰り入れに加えて、特別会計自体が財政投融資資金を借り入れた。

しかし、こうした集権融合型の中央―自治体関係を前提とした借金漬け財政は、小泉構造改革とは相いれない。「金食い虫」である自治体、とりわけ弱小町村を大幅に整理し借金垂れ流しにピリオドを打たねばならない。地方分権時代にふさわしい自治体を築くための「自主的合併」の推奨が、小泉政権の成立とともに強制色を伴いだした理由もここにある。

とはいえ、ムチのみにて市町村を合併に向かわせることはできない。そこで工夫されたのが合併特例債の発行である。二〇〇五年三月に期限の切れる合併特例法の有効期限内に合併を決めた市町村には、新市建設計画の九五パーセントについて合併特例債の発行を認め、元利償還金の七割について地方交付税基準財政需要額で措置するというものである。多くの自治体は、まさにこのアメに飛びついた。「特例債を使えるうちに使わねば損」の大合唱が各地にうまれている。しかも、地域の合併推進派リーダーは、元利償還金の七割部分が新市の受け取る地方交付税交付金に「上乗せ」されるかのように住民に説いている。そして、新市建設計画には市役所新庁舎をはじめとして図書館、市民会館といったハコモノ建設計画が目白押し状態である。

先にみたように、三位一体の改革は地方交付税の原資を圧縮するものである。しかも財政制度審議会は、二〇〇三年六月に「平成十六年度予算編成の基本的考え方について（建議）」をまとめ、そこで「地方に税源を移す際に、国と地方の債務残高を調整する」とした。実にわかりにくい表現だが、これは臨時財政特例債などのように、従来償還部分を地方交付税の基準財政需要額で措置してきたシステムを止め、返済は全額自治体の「自己責任」で行うべきという意味だ。合併特例債なる新たな借金を重ねる自治体の将来に控えているのは、多重債務者にも似た状況の出現なのだ。

目先の利益にのみ注目した自治体の動向をみていると、「地方分権」の底の浅さを指摘せざるをえない。合併に向かう市町村は「このままでは立ち行かなくなる」という。たしかに、自主財源収入が歳入総額の一〇パーセント程度の自治体は少なくない。そしてこれに地方交付税交付金を合わせてようやく公債費（地方債の元利償還金）に相当する自治体も数多い。

だが、立ち行かなくなった政治・行政スタイルへの自省の念など一片も見出せまい。補助金と地方債を当てこんだハコモノ中心の拡張主義的財政運営が、立ち行かない状況をつくったのだ。政権の狙う財政運営の基本的方向まで仮に思い及ばないとしても、この程度の認識をもたねばならない。県庁も特例債を掲げて合併を誘導するのではなく、政権の意図を見抜く能力を備えねばならないのである。

そもそも、今回の市町村合併は、地方交付税特別会計とそれに連動する一般会計の逼迫《ひっぱく》解消のみを狙ったものではあるまい。直接的要因がそこにあるとしても、市町村合併と三位一体の改革の先には、より「壮大な」統治構造の改造計画が描かれているというべきだ。

実際、二〇〇三年十一月に予定されている第二十七次地方制度調査会の最終報告は、都道府県の合併方策について打ちだすはずである。当面は都道府県の「自主合併」に向けた法制度のあり方が示されよう。それだけでも大きな、時代の変化なのだが、市町村数を大幅に減らした府県の存在意義を問う「素朴な声」とあいまって、都道府県制度自体の見直しへと結びつくであろう。そしてこれまた市町村合併と同様に、「自主」から「強制」へと流れることは容易に想像しうる。すでに道州制といった全国に七ないし八のミニステイトを設けるべきとの声は、大きくなりつつある。市町村合併が、こうした地方制度改革へ向けての地ならし的意味をもっているのは、否定しえないであろう。

＊

「地方分権」なる言葉は、政治の世界に重みをもつにしたがって多義的となる。集権融合型の中央―自治体関係を改革しようとする一点において同義であるとしても、国家機能の強化のために自治体を再編しつつ切り離すシナリオを描くこともできる。他方において、地域の自治と分権を機軸として上昇型の政府間関係を築くシナリオも描きうる。

小泉政権による「地方分権改革」は、前者のシナリオに立っているといってよい。この政権が国政において追求してきたのは、新自由主義的改革に加えて新国家主義的改革である。有事法制の立法化、イラク復興支援法の制定、そして民間ならびに行政機関個人情報保護法と住民基本台帳ネットワークの構築などにみる一連の動きは、国際社会への政治的・軍事的フリーハンドを確保しつつ、国内においては市民と情報の権力による管理強化を指向するものである。内政の子細な事項から手を引き政治権力の機動性を高めようとするところに、この政権の本質がある。

自治体や一部の学者は、総務省をなお旧自治省と同様に、ある意味で自治体の「守護神」とみる。だが、二〇〇一年の行政改革によって誕生した総務省は、もはや自治体を顧客として閣内に影響力を保つ必要はない。税財政や公務員制度にわたる基幹的地方制度の管理、中央各省の組織・定員管理、中央―自治体にわたる行政評価、通信情報管理などを所管する総務省は、中央政府の官房的役割を担っており、政権の新国家主義的指向のもとでメインの官庁へと成長している。

九月末の民主党との合併を決めた自由党党首・小沢一郎が著した『日本改造計画』（講談社、一九九三年）は、皮肉にも小泉政権のもとで実現に向かって動きだしたともいえる。小沢一郎は、「普通の国」つまりは国際社会における政治大国に向けて、全国に三百ほどの自治体を創設し、内政事項はこれらの自治体にゆだねればよいとした。当時、小沢一郎のような新国家主義者ですら「地方分権」に同調したとの評価がうまれたが、その意味内容をあらためて論じるまでもないだろう。

さて、こうした状況のもとで、新民主党が地方分権改革にどのような見取り図を提示するのかは、いまのところ定かでない。ただし、新民主党と自民党とのあいだに地方分権改革に関する先鋭な争点が形成されるとはいい難い。

そうであればなおさらのこと、政党間の政策論争に期待するのではなく、自治体の側から上昇型の政府間関係の構築構想が提示されねばなるまい。ここ数年、改革派知事連合の動きがマスメディアの注目を集めている。「改革派」とよばれてきたゆえんは、彼らが県庁内の意思決定システムの透明化に努めたところにある。

もちろん、これ自体大きな功績だが、欠けているのは中央―自治体間の制度改革構想の積極的提示である。一般国道の一・五車線化を可能にする補助金改革や幼保一元化に向けた補助金の創設などが提示されているものの、それらは昨今の事態にさほどインパクトをもつものではない。上昇型の政府間関係か国家権力の機動性を重視した改革かの分かれ目は、税財政関係のあり方にある。「骨太の方針・第3弾」のいう三兆二千億円規模の国税の地方税への移譲ではなく、地方の立場からする国全体の税制が提示されるべきである。また、都道府県制度の広域化が必要であるとしても、ミニステイトともいうべき画一的道州制ではなく、一国多制度ともいうべき自治・分権構想とそれをもとにした国政への参画と統制のシステムが提示されるべきであろう。

各種の知事・市長などの連合が活発に制度構想をしめすことこそ、「地方分権」の衣をまとった国家権力の強化への有力な対抗策である。

地方分権改革は、機関委任事務制度の廃止をめぐる攻防の展開された九〇年代とは位相を異にしている。自治体の思考転換と政治的能動化が問われている。

（「論座」二〇〇三年一〇月号、朝日新聞社）

改革へ＝日本人のもうひとつの選択

【戦後パターナリズム社会からの脱却を】

改革の時代が叫ばれて久しい。なるほど、この十年足らずの間に行政改革、財政構造改革、経済構造改革さらには教育改革といったように、改革のアジェンダが次々と政治によって提示されてきた。しかし、そのいずれについても、新たな方向が鮮明に打ちだされているわけではないし、はっきりその成果を実感できているわけでもない。

それどころか、たとえば中央―自治体を通じた公債残高ひとつを取り上げても、六百五十兆円という途方もない巨額に膨れ上がっている。しかもそれは、中央政府一般会計と自治体普通会計の債務累積額にすぎず、特別会計、特殊法人、自治体出資法人などの債務は含まれていない。政府部門の債務総額、つまり次の世代の支払う税の先食いが全部でいくらになるのかは、政権によってさえ正確に把握されていないのが実情である。こうした巨額債務の姿は、掛け声ばかりで方向感覚を見失った「改革」の現状を象徴しているといえないだろうか。

多くの人々は、一九九三年に自民党政権が崩壊をみたとき、透明感の高い政治が改革の担い手として躍動するのを期待したはずである。しかし、現実にはあの時から森政権の崩壊が確実となった今日まで、政党政治家たちは、政権の座にあることの「うまみ」を追求することに追われ、政治はまさに方向舵を失い漂流にも似た状況にある。

戦後日本がある意味で理想としてきた集権的政治・経済システムによる「発展」の条件は、もはや完全に失われているのである。高齢化社会を背景とした世代の分断や教育・家庭の崩壊までも含めて、戦後社会を支えてきた仕組みや発想は破綻していると考えるべきなのである。

しかし、どうしようもない政治に辟易としていても始まらない。改革のアジェンダばかりが掲げられ、その実、病理の深刻さを真摯に受け止めずに、問題を先送りする状況をこれ以上甘受していてはならない。今度こそ社会を構成するアクターのすべてに、タブーなき自己改革と発想の転換がもとめられているのである。

社会の混迷の度が深まるにしたがって、各地で規模の大小はともかく社会の将来方向を考える集会も開かれるようになってきた。だが、こうした場で示された選択肢に対して、必ずといってよいほどとびだす意見は、「それは理想だが、現実は……」である。真に「理想」と考えるならば、それはあくまで実現に向けて追求せねばならないはずである。だが、「理想」を観念の世界に封じ込め、「現実」

なるいまの存在を甘受してしまう。そうした心理的分裂状況が、この国の社会を深く覆ってきたといえよう。「改革」とは、まさに「現実」の堅い岩盤にひとつずつドリルで穴を開けていくような作業である。

では、その作業はどのような現状分析から出発すべきなのか。そして新たな選択肢はどこにあるのか。本稿は「新しい日本をつくる国民会議」（二十一世紀臨調）のなかの国民生活再構築会議・福祉部会での討論メモをもとにした問題提起である。

1　戦後社会のパトロンとクライアント

「改革」がから回りする大きな理由のひとつに、国民の間で危機感がなかなか共有できないことがある。端的にいえば、何があっても怒らない国民がいるから、政治も真剣になることがないという情景である。それを私は自著で「選挙しかない政治家、選挙もしない国民」と名づけた。

こうした戦後日本社会を特徴づけてきた構造が、パトロン―クライアント関係を機軸とするパターナリズム（恩顧主義）に立脚した制度である。それは半世紀をかけて幾層にもわたって築かれるとともに、その網の目を密にしてきた。

戦後改革は、たしかに政治的自由を保障するとともに、民主主義的政治体制を政治原理とした。官僚制の憲法原理上の地位もそれまでから大きく転換した。しかし、実際には、敗戦と民主化という環境の激変にもかかわらず、官僚制は政策・事業の実質的決定と執行に影響力を失うことなく生き続けてきたのである。それが戦後日本の政治を特徴づけた「行政の政治化」である。

政権党をはじめとするほとんどの政党は、官僚制を指導する「頭脳」をもつことなく、あるいはその必要性を自覚することなく、自らの背後にある諸利益を官僚制に伝達していればこと足りた。言い換えれば、官僚制をパトロンとして、自らはクライアントに堕したといってよい。だが、このクライアントは、選挙区における利益や業界の利益を追求する者からみればパトロンでもある。

一方、官僚制も、政治家からの利益の伝達だけを受けて、政策を作ったり、事業を実施してきたわけではない。業界分野ごとに業法を作成して、市場を仕切ってきた。「官僚制によって仕切られた市場」においては、参入規制や生産量、製品の質や価格、生産設備、さらには役員の人事までが規制の対象とされた。しかし、そのことが業界を構成する企業の反発を買うこともなかったのである。「官僚制によって仕切られた市場」の秩序を順守している限り、企業そのものの安定につながったからだ。

しかも、業界は単に操作されるだけの存在であったのではない。業界もまた、官僚制の操作を同時に試みてきた。業界秩序といわれるものは、多分に両者の「共同統治ルール」であったといってよい。九〇年代後半における一連の金融機関における不良債権の処理などは、両者合意のうえでの行為の象徴といえるのである。

官僚制と業界にみるこの構造は、他の政策・事業分野においても、濃密につくられた。たとえば、福祉の分野や教育の分野において、行政のクライアントは、普通はサービス受給者と考えられがちである。しかし、実際には、福祉や教育の現場に従事する職員とその集団こそがクライアントとして位置づけられてきたのである。

中央と現場の職員は、サービス供給の具体的方法やサービス基準、施設をはじめとした供給手段などについて協議する政策コミュニティを強化してきた。教育サービスの受給者である生徒・児童、さらに福祉サービスの受給者らは、いわばこうした政策コミュニティにおける決定の「反射的利益」に与《あずか》ってきたにすぎない。

2　生活レベルで温存される「五五年体制」

こうして幾層にもつくられた官僚制を頂点とするパトロン—クライアント関係は、企業の従業員や地域社会に暮らす市井の人々にとっても、決して拒絶すべき対象ではなかった。経済成長が順調に続き、それゆえに税の自然増収が期待された時代には、「現実」に不満を抱きつつも、社会の大勢に身を寄せることによって、自らの生活の安定・向上を図ることが可能だったからである。不満は時の流れによっていずれは解消されていくものと考えられた。

しかし、こうした生活保守主義は「行政の政治化」とあわせて、複雑な利害の調整を政治の手にゆだねるという、政治的民主主義への感性を限りなく摩耗していったのである。

たとえば、先鋭な政治権力批判を展開していた戦後の革新勢力の行動にしても、はたしてそれは、政治的民主主義に対する柔軟な感性をもっていただろうか。戦後革新勢力は、日本国憲法の権利保障規定を大上段に掲げて、さまざまな要求実現闘争に取り組んできた。憲法二五条の生存権規定、二六条の教育を受ける権利の実現として展開された、福祉サービスの給付水準の向上や教科書無償配布の実現要求などが、その典型である。

これらが実現したとき、運動した側は「勝利」と総括してきた。しかし、官僚制はそこで敗北したのであろうか。いや官僚制もまた勝利したのであり、その勝った度合いは運動した側に勝っているとさえいえる。

なぜなら、厚生省にしても文部省にしても、要求に応じることで財源と人員を増強できたからである。そのうえ厚生省は、福祉サービスの供給を特徴づけた「措置」なる行政処分権限の網の目を広げた。文部省も、教科書無償配布を受けて教科書の検定強化と広域選択制を採用し、教育委員会―学校現場への指導・助言という名の統制強化をはたした。これが「勝利」でなくて何であろうか。

憲法保障をラディカルに掲げた運動は、一見すると、「反権力」的な印象を外部には与えた。だがその実、官僚制とのアベック闘争にほかならなかったのである。行政サービスの水準向上に比例して、官僚制の権力が増殖していく「秘密」がそこにあった。

こうして、保守勢力側のパトロン—クライアント関係への安住と同様に、戦後革新勢力の側においても、理念の高尚さとは別に、官僚制の補強とそれによるサービスの拡充に安住する思考が強化されていったといえる。

言い換えると、憲法保障を掲げた革新勢力による運動が、その射程に収めることができなかったのは、福祉であれ教育であれ、市民の自己決定こそが権利保障の根幹に位置すべきだという認識である。その結果、「現実」を重要視した生活保守主義ばかりが蔓延し、民主主義政治体制の基本であるべき自己決定の重要性は省みられることがなかった。ましてや、生活を取り囲むシステムに対する抗議や対案の提示が、人々の心のなかで形成されようがないのである。

政治の世界では、東西冷戦の終結や自民党一党支配の終焉を受けて、もう十年近く前に「五五年体制の崩壊」が指摘された。そういうシステムがすべて払拭されたかどうかは別として、たしかに中央の政党レベルでは「自民党対社会党」というパターナリズムの構図は崩れたといえるだろう。しかし、われわれ国民の生活レベルにおいても、「五五年体制」は終わりを告げたのか。わたしにはそうは思えないのである。

3　縦割りで分断される福祉

市民の自己決定を阻んできた要因として、もうひとつあげられるのが、生活レベルの隅々にまで及ぶ官僚制がもたらす縦割りの構図である。

戦後、個人の生活レベルは、経済の発展に伴う行政サービスの潤沢な供給によって、一見したところ格段に向上した。しかし、この行政サービスの向上は、対象を次々と細分化したうえで、サービス供給のレベルを高める仕組みだった。その結果として、まさに個人の生活はズタズタに分断され、トータルな自己認識が不可能な状況に陥ったのである。

たとえば要介護老人に対するサービス供給システムとして、公的介護保険が二〇〇〇年四月から導入された。この制度のもとでは、一定の要介護条件を満たした者に対して、一定の範囲のサービスが供給される。サービス供給に従事するのは、認定を受けた事業者の従業員である。ただ、高齢化がいかに深刻であろうとも、すべての高齢者が要介護者ではない。しかし、要介護者へのサービス供給事業が強調されることによって、健常な高齢者との間に分断ともいうべき状況が生まれている。たとえば介護保険の給付対象外となっている近隣の散歩の介助などは、同世代によってなされてもよいはずである。

しかし、健常な高齢者は別途用意された「生きがい対策事業」を享受しつつ、依然として「潤沢」

な年金をもって生活を楽しんでいる。また、高齢者福祉が強調される一方で、壮若年層の各種のハンディキャップをもつ人々に対するサービスは、一向に充実していない。彼・彼女らを支援する人々の輪も広がりをみせない。

また、高齢型社会において人々が健やかな生活を送るために必要とされるのは、本来、世代を超えた保健システムの構築である。だが、その保健システムは重視されていないばかりか、母子保健、学校保健、職域保健、地域保健といった具合に、世代や職の有無、職の形態などによって細かく分断され、個人がその生涯を通じて健康状態を認識できる仕組みとなっていない。このことが高齢者介護や医療のコスト増にもつながっている。

ブレア労働党政権の理論家でもあるA・ギデンズは「年金、年金生活者といった言葉は無力という響きを持っており、それゆえ退職が自尊心の喪失を招くのは不思議ではない。六十歳か六十五歳の定年制が『老齢』の線引きとなっていた頃は、心身両面において、高齢者の健康状態は今とまったく違っていた。定年退職制を廃止し、高齢者を厄介者扱いするのをやめにして、人的資源とみなそうではないか。そうすれば年金生活者という言葉は、早晩なくなるはずである。なぜならば、年金を受給したからといって、年金生活するわけではなくなるからだ」（『第三の道——効率と公正の新たな同盟』日本経済新聞社、一九九九年）と述べている。

まさにそうであって、高齢者が人的資源としての能力を欠いているわけではない。一定期間の社会や労働への貢献は、老後生活の公的保障となって返ってこなくてはならないとするのは、「政府は何かをしてくれる」というパターナリズムにほかならない。

ここで指摘した高齢者の問題は、ほんの一例でしかない。いま認識されなければいけないのは、人々の生活の個別側面に対する行政サービスが重視されればされるほど、人間同士の連帯が希薄となってしまうという事実である。

そうした状況では、中央であれ自治体であれ、政府の活動を「パブリック」と認識することはあっても、市民自らによる新しいパブリックの構築に向けた「協働」が生みだされることはない。

4　崩れるパターナリズムの基盤

しかし、こうしたパトロン―クライアント関係を機軸としたパターナリズムへの依存、それに起因する生活保守主義も、いまや明らかに機能条件を失いつつある。とりわけ、一九九〇年代初頭からの経済不況に加えて、財政危機の一段の進行は生活保守主義が依拠すべき基盤を崩壊させたといってよい。日本的な良き雇用慣行とされてきた終身雇用と年功序列型賃金制度は崩れ、リストラの名による人員解雇も常態となっている。労働組合がかつてのパターナリズム全盛時代のようにいかに企業経営者に同調したところで、従業員の雇用を守れる状況ではない。経営者と組合指導者との双方の影響力によって従業員を囲い込むことなど、およそ不可能である。農業者団体も含めた業界団体が官僚制と一体のもとに自らの利益を守ろうとしても、官僚制から満遍なく利益を引き出すことはもはやできない。政治もまた、大組織の代理人として行動し、支持基盤の強化を図ることなどできなくなっている。

要するに、パターナリズムの時代、言い換えれば組織の時代は終わったのである。

しかし、だからこそというべきか、この状況の変化にもかかわらず、一方においては、なお組織の時代にしがみつく行動が顕著となっている。金融機関に対する無規律な巨額の公金投入は、結果として建設業を救済しているという意味において、その具体例である。「IT革命」への対応というお化粧直しを一部に施した大規模な公共事業の展開もそうである。話はそれるが、こうした思考を政治の場で象徴しているのが、参院選挙制度の「改正」といえる。比例区選挙には、二〇〇一年の選挙から非拘束名簿方式が導入される。候補者名を記入しても政党名を記入しても自由とされる。大規模組織に支援された候補者を擁立すれば、議席増を図れると考えているのだろうが、いまやそんな時代ではない。だからこそ、この「改正」はマンガチックなのである。

一方において、九〇年代を通じて強調されてきたのが、自己責任、自立、競争といったキーワードに象徴される新自由主義である。

これらのキーワード自体は、パターナリズムの呪縛からの解放という意味では妥当であろう。しかし、個人の尊厳を保証しつつ、相互の連帯の絆がシステムとして構築されないところには、野蛮な競争社会が出現するだけである。すでに教育の荒廃は、多くの人々の共通して認識するところだが、教育改革として提示されているものは、「飛び入学・進学」といった競争の促進と、結果に対する自己責任でしかない。ここからは、競争に勝った「無邪気なエリート」と打ち敗れた「無気力な学生」しか生まれないだろう。教育の場のみならず、社会保障や雇用の場においても同様であり、職を確保できないことが自己責任とされれば、社会の荒廃は一段と進行せざるをえないのである。

以上みてきたように、現在の日本では、権威や組織に依存して生活の安定を図ることは不可能となっている。一方、自己責任の名による競争に打ち勝つ者は少数であり、圧倒的多数の敗者が出現する。この袋小路のような社会から脱却を図ろうとするなら、国民一人ひとりが生活者であるとの観点に立って、人間生活を分断している既存のシステムを問い直すことから始めねばなるまい。そのことによって初めて、思考としての「五五年体制」からの脱却を展望できるようになる。

「改革」を掲げる政治もまた、生活者の観点を基本とした政策体系へと転換を図らねばならないのである。政治が「改革」を掲げつつも混迷の度合いばかりを深めているのは、社会システムのあり方に対して、生活者の観点からの明確なビジョンを持ちえていないからである。すでに述べてきたように、パターナリズムを基本とした社会の仕組みは、完全に破綻している。それにしがみつくことも、あるいは自己責任、自立、競争のみを説くことも、目標を喪失し停滞状況を深める社会システムの再生を促すことにはならない。その二つのいずれでもない「もうひとつの選択肢」が示されねばならないのである。

5　生活エゴイストを出発点に

こうした現状と将来に対する基本認識を前提として、個別の政策分野における新しい生き方を考えてみたい。もちろん、本稿で市民の生活を取り囲むすべての領域について言及するのは不可能である。ここでは重要性を一段と増している福祉や教育を取り上げて、もうひとつの選択肢のイメージを提示してみたい。

すでにふれたように、福祉とりわけ社会福祉は、戦後政治の主要な論点のひとつとなってきた。だが、憲法二五条を基本的根拠とした福祉サービスの拡充要求は、行政による対象の選別とそれに対するサービスの密度を向上させたにすぎない。しかも、戦後長い間、対象の選別が「措置」という行政処分行為とされてきたこともあって、対象は行政活動の客体でしかなかった。

その結果、個別の対象ごとに金品やサービス、施設などの充実は図られたものの、ハンディキャップを持つ人々が、自らの生活を自己決定できたり、社会的に彼・彼女らの生活を支援したりするシステムは作られてこなかった。高齢者介護が「措置」から「契約」へと変更されても、実態は変化がないのが現実である。

しかし、本来、福祉とはまちづくりの問題である。特定対象者へのサービス向上をもって福祉が充実したとはいえないのである。福祉サービスが充実しても、彼・彼女らが安心してまちの生活を享受できない社会が福祉社会であろうか。あるいは、障害児教育を別立てとして健常児との日常的接触を分断した社会が福祉社会であろうか。それは、将来にわたって人間の間の連帯を損なっていくだけではないのか。

わたしたちは、まちづくりとして福祉をとらえるべきなのである。障害を持つ人々が安心して暮らせるまちは、健常者にとってはより快適なまちである。障害を持つ人々が生きがいをもって働くことができる社会は、健常者にとってこれまた快適な社会である。

権威に依存した自己利益の追求ではなく、自我に根差した自己利益の追求が必要である。われわれは、この意味でエゴイストになるべきなのである。この発想の転換をもって、物理的な都市空間を改めるとともに、教育・労働・文化活動などの多面にわたって、共生の仕組みを創造できるかどうかが問われているのだ。

ギデンズがいうように、わたしたちも「年金生活者」なる言葉を社会から追放してはどうか。そして、中央・地方の政府に「独占」されてきた「パブリック」を自らの手に取り戻すために、それぞれが社会生活のなかで培ってきた知識や技能を活用しつつ、非営利事業の領域を築いていく必要があろう。その活動があって初めて、これまで述べてきたような行政による生活の分断状況とその制度的欠陥について認識を深めることができると思う。

ただ、当然のことながら、これは高齢者だけにもとめられることではない。世代間の連帯と協働があって、初めて「年金生活者」という言葉と観念が払拭されるだろう。世代間の交流を推し進めることによって、偏差値に象徴される学力のみが、人間の将来生活の決定要因でないと認識されるだろう。高齢者への尊厳の眼差しも強まるだろう。あるいは家事労働も社会的労働であることが認識され、人間としての社会的存在の意義が共有されていくことになる。

こうした活動の積み重ねは、非営利活動のネットワークの充実につながる。非営利活動は無償のボランティアではない。あくまで有償なのであって、このネットワークの拡充は新しい職の創出と同義である。そのことによって年金財政の負担をめぐる世代間紛争を収めることも可能になる。この意味でも、非営利活動による新たなパブリックの形成が何よりももとめられている。

教育も同様である。学校を城壁のごとくにして子どもを閉じ込め、権力者であることを自覚せずに、一定の秩序を「強制」する教育からは、いかに心の豊かさやゆとりが強調されようとも、次の時代を担う行動力ある人間は生まれない。文部科学省─都道府県教育委員会─市町村教育委員会─学校というタテ系列の制度を廃止し、学校を近隣住区のコントロールのもとにおくべきであり、子どもたちと世代を超えた住民との交流を活発化すべきである。ボランティア活動の義務づけによっては、多様な生活観は生まれてこない。偏差値の向上のみが人間の追求すべき価値ではないことは、現に多様な生活経験をもっている世代との交流によって自覚されるはずだ。「ものつくり大学」は汚職まみれであるが、発想自体は否定されるべきものではない。大学のみならず地域から技能追求の重要性を子どもらに教えるシステムがもとめられているのである。

ところで、こうした活動を単に人間の生き方の問題としてだけ提示しても、意味をなさないことは自明である。同時に構想されねばならないのは、自治と共和に根差した政策体系の組み替えであり、それを立案し実施に移す政府体系の再編成である。

政党など一部で基礎自治体の大規模化や道州制への再編成が構想されている。だが、政府というものの原点を考えてみると、まず市民の共通利益を追求する協働があり、問題の広がりに応じて上昇型に、共同統治機構としての政府が市民の税によって職員を雇いつつ形成されてきたのである。日本の歴史が「初めに政府ありき」であったとしても、いまは政府なるものの原点に立ち返ることが問われている。

そしていま必要なのは、現代日本の統治機構の徹底的な垂直的分権化である。それは、現行の市町村の権限拡充といった次元にとどまるものではない。近隣住区を生活に密着する計画や事業の立案・実施の主体とし位置づけ、市民に新しいパブリックの担い手としての条件を付与するものでなくてはならない。

もちろん、生活を取り巻く状況は、一方において広域化を避けて通れない。だからこそ、上昇型の広域的政府を必要とするが、同時に基礎的自治体の横の機能別連携・連合の仕組みを構想し、市民による政府コントロールに実質を与えていかなくてはならない。単線的に上昇する政府システムを構想する時代もまた過ぎ去ったといっていい。

6 税の確定申告からすべてが始まる

生活者としての人間が、自らの生活を自己決定できる社会を地域からつくる。そして、それを支援する政府システムの創造と新しいパブリックをもとめる非営利活動の広がりを追求していかねばならない。

そのためにわたしたちは、現実のシステムのままでも何とかなるであろうとの楽観主義と、多かれ少なかれ有している既得の利益を捨て去らねばならない。現に「勝者」でいる者も、もはや既存システムの寿命が尽きはてようとしていることを認識する必要がある。政治家は既存システムの「うまみ」など先の知れたものと認識せねばならない。政治が新たな輝きを放つかどうかは、この認識をもとにして自治、自己決定、共和の社会システムを提示できるかどうかにかかっているのである。

もしかすると、以上のような問題提起は、とりたてて目新しいものではないと受け取られるかもしれない。心ある人々によって考えられてきたことでもあろう。しかし、それが実現せず、福祉においても教育においても、「お任せ政治と行政」に堕してきた重要な要因のひとつに、日本の税制を特徴づける源泉徴収制度がある。

新たな改革の選択肢に向けて意識改革をどう進めていくのか、生活と政治のあり方を決めている税制に最後にふれておきたい。

源泉徴収制度のもとでは、自己の納税額を自己決定できない。自己の納税額に関心を失うところでは、税の使途とその実態に対する関心は希薄とならざるをえない。政治の革新のかぎは、先鋭な納税者としての自覚である。政党助成金も、個々の納税者が払い込む政党と金額を自分で決め、その額を税額控除すればいい。

源泉徴収制度の廃止こそ、政府活動と市民生活を省みない政党政治の客体としてだけ扱われる生活から脱却する道である。これだけのＩＴ社会である。個々の市民が自らの納税額を計算することなど、さほど難しいことではない。国税・地方税のシェア転換にも増して、政治と行政さらには社会のあり方を自覚的に追求するためにも、納税システムの根幹からの改革は避けて通れないのである。パターナリズムの惰性を断ち切るためには、源泉徴収制度を全廃することがいま何よりも必要である。そのためにも、わたしたちは、確定申告の手続きに要するわずかな時間を厭うてはならない。

社会を構成するアクターがこうした意識に立ち、利害得失を正直に吐露する論議を開始することこそが、地域を基軸とした日本社会の変革の第一歩となるのである。

（「論座」二〇〇一年四月号、朝日新聞社）

Ⅱ

行政・政策を批評する

批評「行政・政策」

言葉の遊びはやめて分権改革へなすべきことは

二〇〇〇年四月一日から地方分権一括法が施行された。それ以降、自治体の首長・議員そして職員らは、「地方分権時代を生きぬくために」とか、「分権時代に相応しい自治体改革」といった言葉を、盛んに発している。今回の改革によって機関委任事務制度（個別の仕事ごとに法令で首長や行政委員会を主務大臣の地方機関と位置づけ、主務大臣の指揮命令のもとで仕事を処理する方式）が全廃された。この結果、自治体の自主的な政策裁量の範囲が広がった。二元的な首長と議会の関係にも、制度が当初予定した方向に機能する条件がもたらされた。この意味では、右のような覚悟があってしかるべきである。

しかし、それにしては余りに情けない状況が続いていまいか。地方分権一括法が国会で成立したのは、一九九九年七月である。この一年半ほどの間に何を準備してきたのか、疑いたくなってくる。故小渕恵三前首相は国会審議において、ＣＤ・ＲＯＭ版も作られた『広辞苑』三冊分にも等しい（説明資料を入れると優に書架一棚分）地方分権一括法案について、「あなたは全文読んでいるか」と野党委員に問われた。彼は「まったく読んでおりませんが、趣旨はわかっております」と正直にも答えた。これ自体、「ご愛嬌」で済むことではないのだが、他方、自治体の首長、議員、職員のどれほどが法律を読んでいるのか、なかでも全文改正にも等しい新地方自治法を読み、自分の頭でその意味と将来的可能性を考えているのだろうか。彼・彼女らは小渕前首相ほど「正直」に語らないのだが、かなり疑わしい。せいぜいのところ、解説記事や講演などで趣旨に接している程度ではないだろうか。

機関委任事務制度が全廃されたのだから、主務大臣と首長らの関係は、同一行政庁の上級―下級機関ではなくなった。中央各省の通達・通知は、もはや「小判」ではなく「木の葉」にすぎない。にもかかわらず、相変わらず従前の通達・通知に依存して執務しているばかりか、「分権時代に対応した新しい指導基準」を早く作っていただきたいとは何事か。中央各省官僚は、「地方分権とはこんなもの」とほく笑んでいることだろう。

足元みすかす中央省庁

首長や議員が頻繁に口にする言葉に「権限はきても財源がこないのはけしからん」がある。別に中央各省官僚の肩を持つつもりはないが、機関委任事務から自治事務・法定受託事務になった事務は、財源の裏づけを欠いているわけではない。従前の機関委任事務時代の補助・負担率に変更はないし、その程度のカネは中央から自治体に移転している。首長らは、右のような「不満」（実は「誤解」）を語るのではなく、権限の移管要求に合わせて中央と自治体の税財源シェアの改革を要求していくべきだ。

しかし、地方分権推進委員会が九八年夏にまとめた、一級河川水系、一般国道、重要港湾などの事業管理権限を自治体に移管するという「試案」に、建設省の河川局や道路局官僚らと足並みをそろえて抵抗したのは、ほかならぬ知事たちであった。これまた、中央各省に足元を見透かされているようなものである。

「分権時代に相応しい自治体改革」は、当然のことである。しかし、それをいうならば、まずは足元の草の根保守主義に立脚した行政に徹底したメスを入れることだ。なかでも、自治体が独自に支出している補助金・助成金の整理を行うべきだろう。実際、ほとんどすべての自治体において、小中学校校長会、教頭会、退職教員の会、商店街連合会、民生委員・児童委員連絡会、自治会・町内会、医師会、歯科医師会、獣医師会、退職議員懇談会、労働組合、原水禁、原水協などをはじめとする各種団体に、団体補助が支出されているばかりか、こうした団体の事業へ助成金が支出されている。一件当たりの支出額は、そもそも団体の運営や事業に寄与するとは思えない二十万、三十万円と少額だが、塵も積もればなんとやらである。しかも、支出先の団体は長年にわたって固定されており、詳細な決算報告をもとめて厳正な監査が行われているわけでもない。

成否は自治体の取り組み次第

地域には新しい市民活動も台頭しているが、その一方で旧来型の地域団体がどっしりと腰を下ろし、首長や議員の選挙のためか、説明不可能に近い公金支出が常態となっている。「説明責任の全う」や「透明度の高い行政」というならば、自治体改革は、こうした草の根保守主義に根差した行政の改革から着手されねばなるまい。そうでないと、広範な市民に支えられた自治体行政など実現しようのない話である。

一月六日には、新しい中央省庁体制がスタートする。年次九兆円からの公共事業予算（その大半は補助金）をもつ国土交通省は、明らかに地方分権に逆行するものだが、自治体が思考の転換をもとめられているのは、総務省の新設である。全省庁レベルでの政策評価や中央・自治体にわたる組織・定員管理、電気通信行政に権限をもつ総務省は、旧自治省のように自治体を顧客として閣内で影響力を確保していく必要がない。自治体側が改革をおざなりにしていても総務省の「庇護」が受けられると考えるとすれば、大間違いである。

それだけに、自治体は「分権時代だから云々」の言葉を濫発するのではなく、法令の自主解釈能力の向上に真剣に取り組むとともに、旧習・旧慣の払拭に魂を入れなければなるまい。

せっかくつかんだ地方分権改革の糸口である。新しい世紀に分権改革が実るかどうかは、自治体次第である。

（「ふろんと・らいん」「論座」二〇〇一年二月号、朝日新聞社）

政治主導の核心は局長級の政治的任用にある

一九七〇年三月の日本航空よど号ハイジャック事件は、ある世代以上の人には生々しく記憶されていよう。この時、乗客の身代わりとして福岡空港から平壌まで人質となったのは、当時の運輸政務次官・山村新治郎氏であった。彼は後に運輸相ともなるのだが、政治家としての生涯は恵まれていたとはいえない。ともあれ、人質となるのにあたって、「どうせ政務次官は盲腸のようなものだから」との「名言」を吐いて機上の人となった。

すでにその頃から自民党内では、一年生議員が閣僚になるまでに歩むべき経歴のルート（キャリアパス）が、制度化されつつあった。政務次官は、見習奉公を終えた一年生議員が再選された際のポジションであった。実際、日本政府の英語版行政機構図でいう〈Vice Minister〉は事務次官を指しており、政務次官には、役所内はもとより社会的にも、副大臣といった権威は認められてこなかった。まさに、山村氏いったように、政務次官は「盲腸」的存在であった。

さて、あれから三十年。この一月六日にスタートした中央省庁改革によって政務次官制度は廃止され、副大臣と大臣政務官が、内閣府や省庁におかれることになった。行政改革の目的の一つに政治主導の行政体制を築こうということがあり、それに合わせた制度改革である。

事務次官の役割変わらず

すでに副大臣会議も定期的に開催されているのだが、はたして「盲腸」的存在から抜けだして、権威あるポジションとなるだろうか。副大臣の顔ぶれをみると、かつての政務次官ほど当選歴は浅くない。さりとて、閣僚経験者をすらりと並べたわけでもない。その意味では、あいかわらずのキャリアパスが生きているようにもみえる。

しかし、自民党内の政治問題は脇においておこう。それより鳴り物入りなのに、肝心の副大臣を生かす制度になっていないことこそ問題ではないだろうか。かつての政務次官も今度の副大臣も、生涯職の官僚からみれば、最高意思決定権者の補佐役であって、制度的には上司にほかならない。したがって、大臣の決裁をもとめる前に副大臣の決裁を必要とする。ただ、今回の行政改革でも公務員制度には何も手をつけていないから、決裁案の実際は生涯職の官僚機構によってまとめられる。

橋本政権時の行政改革会議は、審議途中で公務員制度の改革を課題にあげながらも、その検討を公務員制度調査会にゆだねてしまった。そして、一九九九年三月にまとめられた調査会の最終報告は、これまで営々として続いてきたキャリア組とノンキャリア組の入口選別方式、各省ごとの個別採用方式を、そのまま継続すべきとした。新しく打ちだされたのは、公務員の定年を六五歳に延長することぐらいのものである。いったい何を審議したのか、といいたいほどである。

この結果、事務次官が省庁内で実質的に最高の意思決定権をもつ仕組みに、変化は生まれなかった。だからこそ、国土交通省や総務省、厚生労働省のような合併官庁では、新体制のもとでどの省庁の出身者が事務次官ポストに就くのかをめぐって、熾烈な争いが続いたのだ。

そのうえ、副大臣会議が設置される一方で、従来の事務次官会議も存続した。事務次官会議には何らの法的根拠もない。一八八六（明治十九）年以来、慣行として設けられてきただけである。しかし、内閣官房副長官（事務）によって主宰される事務次官会議は、閣議提出案件を決定する場となっており、ここで合意されない事案は、閣議には提出されない。黙々と決裁書類に花押（書き判）を認めるだけの閣議のお膳立ては、事務次官会議で行われており、事務次官こそが真の副大臣どころか大臣といってもよいかもしれないのだ。

ともあれ、新設された副大臣会議は、各省間の政策調整の場とされているものの、閣議決裁案件を審議する場ではない。会議を主宰する内閣官房副長官（政務）は、「新しい政策案をどしどしだして議論してほしい」と言っているが、自負心を傷つけられた政治家の側からは、「政策勉強会でもあるまいに」との声も聞こえてくる。

政権チームをどう作るか

「我田引鉄」的な政治主導ではなく、政策の基本的方向を定めて行政機関と職員を指導していくためには、副大臣や政務官ポストの新設に加えて、公務員制度の徹底した改革が必要だ。現在、自民党サイドからだされている公務員制度改革案は、労働三権を完全に認めたうえで、解雇の道を開こうという案だが、これはノンキャリア組職員を主たる対象としたものであり、政治主導体制の確立をめざしたものではない。

政治主導体制にもとめられる改革は、少なくとも各省の局長級以上のポストを政治的任用職とすることである。これらの政治的任用職にすべて政治家を配する必要はない。民間からでもよいし、生涯職公務員から年功序列にとらわれずに任命してもよい。そもそも、事務次官と同期入省者が官庁内にいなくなる階級的序列を最重視した生涯職官僚機構こそが、政治主導と行政のイノベーションを阻んできたのである。

大臣―副大臣―政務官―局長級政治的任命職の政権チームが省庁の上部に作られてはじめて、政治主導の制度的条件が整うのである。

副大臣の英語表記は〈Senior Vice Minister〉と決められたが、シニアの一文字が加わっても重みは増さない。そのための制度改革が残されている。

（同、二〇〇一年三月号）

ロースクール構想への疑念

新学期の始まった大学のキャンパスは、一年のうちでも最もにぎやかな季節を迎えている。学生たちにはそれぞれ将来への抱負があることだろう。教員スタッフとしては、それが持続してくれることを祈るばかりである。しかし、このキャンパスの華やかさとは裏腹に、全国の大学の法学部スタッフにとっては、厄介な問題を抱えた新年度のスタートとなりそうである。というのも、ここ二年ほど議論されてきた法科大学院（日本版ロースクール）構想が、いよいよ具体的に動きだそうとしているからである。

司法制度のあり方を審議している司法制度改革審議会は、二〇〇〇年十一月二十日に『中間報告』を公表した。報告内容は、法曹一元化や司法への国民参加としての陪審制、参審制構想などにも及んでいるのだが、これらに加えて、法曹人口の大幅増員のために、法曹養成に特化した教育を行うプロフェッショナル・スクールとして、法科大学院の設置を打ちだした。

司法制度改革審議会は、この中間報告を踏まえて二〇〇一年六月に、本報告を首相に提出するとされている。

バスに乗り遅れるな

これまでの経緯を振り返ると、法科大学院構想が登場してきた背景は、かなり複雑である。現行の司法試験は国家試験のなかでも最難関試験といわれる。受験者の多くは予備校に通っており、過去の出題問題を素材とした受験技術だけを学んでいると指摘されている。大学法学部の目的が法曹養成にあるかどうかについては議論が残るが、法学部の民法や刑法などの実定法担当者からみれば、こうした現状は法学部教育の形骸化＝危機とも映る。この失地回復のために、司法制度改革を機に新たな教育機関と法曹採用制度が、実定法関係者からもとめられたという図だ。

そして、これを背後で支えているのが、法曹人口の大幅増員論である。国際化によって、今後ますます民事関係の弁護士への需要が増加すると強調されている。その一方で、弁護士過疎地域の解消も一段とクローズアップされた。

しかし、法曹人口の増員と法科大学院による法曹養成とは、直ちに結びつくものだろうか。先の『中間報告』は、基本的に法科大学院修了者のみに司法試験の受験資格を与えること（若干の経過措置はある）、法科大学院の教育は少人数教育を徹底すること、実務上起きる問題の合理的解決能力を向上させるために、法理論とケーススタディによる実務教育を併せて行うこと、法科大学院の教育課程は、法学部卒業者については二年間、そうでない学生については三年間とすること、などを語っている。そして、文部科学省もほぼ同様の意向である。

こうして、法学部を持つ大学は、まさに「バスに乗り遅れるな」とばかりに、法科大学院の設置に躍起となっている。昨年来、東京の有力私大は、まるで設置の名乗りあげの儀式のように、ホテルで法曹教育のためのシンポジウムとパーティーを開き、そこに法務省や文部科学省の官僚を招いている。その気持ちはわからないでもない。法科大学院が実際に設置され、その卒業者のみが司法試験受験資格を得ることになれば、今の偏差値による大学の序列に加えて、法科大学院のある大学とない大学との間に新たな序列がつくられよう。それは私立大学ばかりか独立行政法人化を目の前にする国立大学にも、深刻な影響をもたらす。

しかし、大学間の新たな序列の形成は、しょせん、大学なる閉ざされた世界の話である。先の『中間報告』は、徹底した少人数教育をいう。そして文部科学省側が打ちだしている教員配置基準は、学生十人に教員一人である。この基準が厳格に実施に移されると、学生数の規模は経営状態と無関係となる。いずれの私立大学の試算でも、学生の授業料は年間三百万円ではペイせず、三百三十万円から三百五十万円でどうにかやり繰りできるというものである。

「無邪気なエリート」でいいのか

はたして、これでよいだろうか。三年間で一千万円以上の授業料を払える学生は、明らかにある水準以上の資産のある家庭の子弟に限られよう。社会人経験を経て入学を志すにしても、これだけの授業料を捻出するのは難しい。

しかも、法科大学院での教育は、実定法の解釈と問題解決のケーススタディ（実際には法曹経験をもつ教員による判例学習）となる。これでは、人間の心の機微や紛争の社会的背景に心及ばない「無邪気なエリート」を育てるだけではないのか。そうした人間によって今後の裁判が担われていくとすれば、なんとも空恐ろしい気持ちにさせられる。

本当に法曹人口の増員が必要ならば、受験予備校など成り立たないほどに司法試験を大幅に緩和すればよい。そして、合格者を「法曹資格候補者」とし、多様な実務経験と理論上の研修を踏ませ、心の豊かさと法学能力を持つ者のみを「法曹」へと採用する道をひらけばよいではないか。

実定法の担当者だけではなく大学法学部のスタッフは、法のもとの平等、正義、公正、公平といった言葉をキーワードとして講義を行ってきている。ところが、いったん法科大学院などという構想が政府サイドから打ちだされると、司法や法曹のあるべき姿についての議論など省みようともしない。つくづく過剰同調社会だと思う。法科大学院による法曹養成が適切な方策なのか、ひろく社会的に議論されるべきである。

（同、二〇〇一年五月号）

裁判官の「浮世離れ」を防ぐには

先月に続いて司法の話し。東京地方裁判所は三月二八日、薬害エイズ事件で業務上過失致死罪に問われた安部英・帝京大学元副学長に無罪を言い渡した。これにはほとんどの人々が、「意外」「そんなバカな」と思ったのではないか。実際、この判決後に私は「裁判官の頭のなかはどうなっているのでしょうかね～」といった趣旨の質問を、幾人かの人から受けた。人身御供のように誰かを有罪にしなければ気が済まない、というわけではない。五百人からの死者をだし、いまなお多くの人々が苦しんでいるあまりにも悲惨な薬害事件の記憶が生々しいだけに、血友病治療の「権威者」であった安部被告に責任なしとは何事か、との感情を抱いてのことであろう。

裁判は論理と論理のぶつけ合いの場である。事実の経過を再現することが不可能である以上、原告（刑事事件のばあいは検察庁）・被告のそれぞれが、その目的の実現に向けて論理構成せねばならない。安部被告の弁護人は、八〇年代中期の血友病治療では非加熱血液製剤が一般的に使われており、エイズ罹病の予見可能性は低かったとして、被告に刑事責任を問うことはできないとしてきた。こうした論理に合理性があるかどうかはともかく、被告弁護人の使命は、無罪に向けてシナリオを描くことである。弁護人に「心のなかで本当はどう考えているのか」と聞きたくなることもあるが、因果な職業という以外にない。

社会的感性はあるか

しかし、被告・原告双方の論理に合理性と正当性があるかどうかを判断するのは、裁判官の役割だ。この時、裁判官は数式を解くわけではないのだから、法解釈の知識にも増して、事実認識の眼を問われることになる。言い換えれば、彼・彼女らの社会的感性の程度が問題となる。今回の薬害エイズ事件における安部被告の行動は、血友病治療に携わる現場医師一般と同レベルであったろうか。

筆者は薬害エイズ事件の松村ルート（厚生省生物製剤課長をめぐる業務上過失致死罪の有無）を中心として、行政責任と刑事責任についての論文をまとめたことがある。いわゆるエイズ・ファイルに明らかなように、厚生省は非加熱血液製剤の危険性を検討するために設けた研究班の班長に安部被告をつけた。また安部被告自身、非加熱血液製剤へのＨＩＶウイルス混入を危惧していたからこそ、八四年にアメリカのギャロ博士に患者の血液を送り検査を依頼したのである。その結果、四八人中二三人がＨＩＶ陽性と判定されている。さらには、研究班での検討中に帝京大学の血友病患者がエイズで死亡しており、その認定を申し出てもいる。明らかに非加熱血液製剤の危険性をわかっていたというべきであろう。

それにもかかわらず、感染症への罹病の危険性が低いとされるクリオ製剤、あるいは加熱血液製剤への転換を急がなかったのは、エイズ・ファイルが物語るように、厚生省の業界行政そしてミドリ十字と安部被告との密着ゆえであるといっても、決していいすぎではない。こうした事実と安部被告の血友病治療における立場をみるならば、裁判官は弁護人の論理を「鵜呑み」にして、「大多数の血友病専門医は非加熱血液製剤を投与しており、元副学長だけに過失を認めることはできない」と、判決できないはずである。

すべての裁判官が社会的感性に欠けるといったら、いいすぎであろう。しかし、この判決を下した裁判官には、専門家そのなかでも「権威者」のもつ責任がわかっていないといえよう。権威という言葉には多くの意味が込められており、学問的には議論が残っている。とはいえ、権威者とは圧倒的な情報量と最新の知識を有しているからこそ、そのようにみなされるのである。血友病治療に携わっている現場医師とそれらの医師に君臨してきた者とでは、責任の度合いは格段に異なる。さらに医療の分野の「封建性」は、今日なお改まっておらず、権威者に逆らうことは、医師としての将来的可能性を否定しかねない。

「生きた法」を考える機会

裁判官の任官や昇任についても、最高裁事務総局の意向が強く働いている。ただし、彼・彼女らはいったんその職につき裁判長としてのポジションをえたならば、周囲との関係を相対的に絶ち、「密室」で書類の考証を進めていればよい。それぞれが法解釈の「権威」であり、自らの頭上に君臨する者はいない。

職業倫理として身辺の清潔さや公正な行動がもとめられるのは事実だが、そこには「浮世離れ」した思考の回路がつくられかねない。それはおよそ、責任の有無を判断する裁判官なる職業にとって、致命的欠陥となるといってよい。

だからこそ、先月号でも述べたように、法曹採用の入口段階で「無邪気なエリート」を生んではならないのだが、裁判官そのものの養成・研修が重要となろう。司法制度改革審議会では、「開かれた裁判」「裁判への市民参加」として、陪審制や参審制の導入が検討されている。そのような参加の制度が必要であるのはいうまでもない。ただし、そうした制度が実現をみても、司法の場に裁判官なる専門職を欠くわけにはいかない。とするならば、裁判官は市民的感覚に応えられる社会性を備えていなくてはならない。

任官人事において他の司法分野との積極的交流を推し進めることに加えて、任官後も定期的に一定期間、自治体や民間への派遣の制度を整備し、市民がいったい何を考え何に苦悩しているのか、「生きた法」とは何か、を考えさせる機会を創るべきである。

（同、二〇〇一年六月号）

教育の構造改革は教育委員会の廃止から

全国的にそれほど大きく報道されているわけではないが、いま、島根県出雲市の教育行政改革がおもしろい。西尾理弘市長は、就任時から地方教育行政法（地方教育行政の組織及び運営に関する法律）を改正して教育行政全般を首長が担い、教育委員会は首長の諮問委員会的なものとすべきだ、と折にふれて主張してきた。

西尾市長はこの持論を実現する手始めとして、二〇〇一年四月に学校教育行政分野を除く部局を、教育委員会事務局から市長の直轄部局へと移した。図書館、スポーツ振興、文化振興、生涯学習課は、市長部局の文化企画部の組織となった。だが、文部科学省の初等中等教育局が、島根県教育委員会を通じて「教育の政治的中立性が損なわれるおそれがある」とお定まりの文言の見解を出雲市に発し、強い抵抗を示している。

これに対して西尾市長は、学校式典での日の丸掲揚・君が代斉唱の徹底指導が児童・生徒の「心の自由」を脅かしている、との社会的批判の高まりを引き合いに、文部科学省のいう「政治的中立」の論理こそ整合性が問われると反論している。

上意下達・縦割りの要に

実は西尾市長は在野で政治や行政にかかわってきた人物ではない。前職はれっきとした文部官僚である。教育行政の制度と運営実態に精通している人物から「古巣」の文部科学省の解体にも通じる教育委員会廃止論が提起され、それに向けて布石が打たれるほど、教育行政の制度疲労は著しいというべきだろう。

市町村の教育行政を担うとされている教育委員会は、一部の教育学者らがいうような権限を奪われた「弱体」な存在ではない。なるほど一九五六年に廃止された教育委員会法時代のように、委員は直接公選ではないし、委員会としての予算案の編成権もない。委員は議会の同意をえて首長によって任命されている。ただ、委員選任の実態はといえば、議会の各会派からの推薦であったり、議会幹部とのインフォーマルな協議によっており、委員には名誉職的意識がみられる。

何より教育委員会が抱える問題の本質は、知事、市町村長すら介入できない、文部科学省から都道府県教育委員会―市町村教育委員会―校長会―学校現場にいたるプロフェッション集団の縦割り行政が、実に強固につくられているところにある。

文部省時代から初等中等教育局は、教育行政の基本は指導・助言にあるといってきた。たしかに、学校教育法や地方教育行政法をみても、法文上はそのような色彩が濃い。都道府県教育委員会や市町村教育委員会は、文部科学省の地方下級機関ではないから、行政命令としての通達・通知はだせない。

にもかかわらず、国旗・国歌法が制定されて以降、なぜ学校現場で日ごとに日の丸掲揚・君が代斉唱の「徹底」が強まるのか。

さらには、本来ガイドラインでしかない学習指導要領が「法的効果」をもつとまでされるのか。この調子でいけば、教育改革国民会議の報告をもとにした教育改革関連法の成立をうけて、生徒へのボランティアの「義務化」も平然と実施に移されるだろう。

実に始末が悪いのは、「教育の政治的中立性」が行政委員会である教育委員会によって保たれているかのように装いがこらされる一方で、文部科学省から学校現場にいたる教育行政関係者がつくるコミュニティの中身を見えずらくしていることだ。幹部教員の一部は、指導主事として教育委員会事務局で重要なポストを占め、国の官僚から校長・教員に至るまでの意思伝達回路の中心にいる。国の指導・助言は、政治的中立性や教育内容の平準化のために、素直に受けるべきだし忠実に守るべきと、彼らのあいだでは受け取られ徹底される。こうして、指導・助言についての対抗力が、自治体教育委員会レベルからつくられることがない。

教育委員会は、社会教育・社会体育の伝統を引き継ぐ生涯学習も所管している。ここでも、依然として学校長OBなどが多数館長についている公民館やその他施設を中心に、上意下達の事業が行われている。しかも生涯学習については、文部科学省ルートとは別の市民の学習活動が、かつてないほどに活発となっており、これらに自治体が助成金をだしていることもあって、財政的にも行政的にも二重・三重のロスが生まれている。
地域の教育行政を市民のコントロールのもとにおくためにも、教育委員会を廃止して首長のもとに教育行政を統合すべきである。だいたいが、教育学者たちは直接公選制復活をいいつつも、文部科学省の指導・助言行政の廃止＝初等中等教育局の解体にはふれない。彼らは、官僚と同様に首長のもとの教育行政は、政治的中立性を損なうともいう。

開放的な議論から生まれる中立性

しかし、教育の政治的中立性とは、はなから存在するのでもなければ、文部科学官僚の指導・助言をだまって聞いていることでもない。教育内容やプログラムについての開放的かつ活発な議論から引きだされるものである。市民の政治的代表機関である首長のもとではじめてそれらが可能となる。同時に教育委員会の廃止は、文部科学省の機能純化＝高等教育や国際的学術交流政策の立案に結びつくのだが、いま国会に上程されている教育改革関連法案には、こうした視点はまったく抜け落ちている。教育独立王国ともいうべき教育委員会制度も、「聖域なき構造改革」をまぬがれるものではあるまい。

（同、二〇〇一年七月号）

「等しからず」を憂えないのはだれか

このところ各地の地方紙には、参議院議員選挙立候補予定者のインタビュー記事が目白押しだ。これをみていると本音が出ていて実に面白い。記者の質問は、小泉政権のいう構造改革のなかでも道路特定財源の一般財源化や地方交付税制度の見直しに集中している。ある農業県の自民党立候補予定者は、「小泉さんの構造改革にすべて賛成というわけではない。地方切り捨てにつながるならば、官邸に座り込んででも戦う」という。もう一人の自民党立候補者も「首相を全面的に支援する」といいながら、「都市中心の改革ではないか」とする。野党サイドの立候補予定者も同様であって、「県内には道路事情の悪いところはいっぱいある」と道路特定財源の一般財源化に反対の姿勢を鮮明にしている。大都市部はともあれ地方部では、小泉政権に対するオール野党体制ができているかのようだ。

たしかに、道路事情のけっして良くない地域が存在することも事実である。しかし、もう少し別の思考回路をもてないものなのだろうか。「道路が必要」の大合唱には、等しからずを常に憂いてきたこの国の文化が、端的に表れていないだろうか。個人のレベルでも「お隣洗濯機買ったんだって、うちも欲しい」から始まって、冷蔵庫、テレビ、住宅、車そして昨今の携帯電話、パソコンへと等しさをもとめる欲望は尽きない。自治体のレベルでも「お隣まで高速道路きたんだって、うちも欲しい」

「お隣美術館建てたんだって、うちも建てなくては」「お隣すばらしい音楽ホールができたんだって、うちもつくらねば」の連続である。この横並び競争をしているかぎり、集権体制は変らないし、ユニークなまちづくりなど夢物語である。

近年のOA化のすさまじい進展によって、さすがに「鉛筆舐め舐めの徹夜作業」とはいわれなくなったものの、地方交付税の基準財政需要額の算定にかかる事務経費は莫大である。道路だけではないが、公共事業補助金の申請にかかる費用も膨大である。補助金交付の陳情から始まって、公的申請のための工法や事業計画についての書面の作成、実績報告や竣工検査には、多大な経費がかかっている。

補助金の裏に負債の山

自治体の職員はそれらを日常業務としてこなしているから、ひとつひとつの補助事業ごとに必要経費を計算しているわけではない。しかし、「もらった補助金よりも、もらうためにかかった経費の方が多い」「二千万円以下の補助金はペイしない」と、首長や自治体職員が時に自嘲気味に語る言葉もまんざら嘘ではない。しかも、「道路が必要」とはいうが、補助裏（自治体の自己負担分）を捻出するために地方債を発行せねばならない。「道路が足りない、足りない」の合唱の裏では、負債の山が築かれており、財政の硬直性が高めているのである。

およそこれほど経済の間尺に合わない話しもない。自治体の首長もふくめて政治家たちは、この現実を知っているはずである。それにもかかわらず道路特定財源をはじめとする公共事業補助金の維持、地方交付税制度の減額反対などを語る彼らは、政治資金や票といった別の経済の論理によって動いているといわざるをえない。

小泉政権のいう構造改革の中身がどうであれ、いま政治家たちが語るべきことは、地方交付税や道路特定財源の維持に固執することではなく、中央から自治体への移転支出を自治体固有の一般財源へと転換することだ。これは決して「地方切り捨て」でもなければ「都市部優遇」でもない。

大都市部の政治家や首長らの多くは、「都市部で揚がった税金を地方にくれてやるのはけしからん」という。しかし、少し考えればすぐにわかることだが、大都市部の自治体も補助金や地方交付税に依拠し、事業コストを精査しているわけではない。

固有の自主財源による行政を原則とするとき、都市の社会資本のメインテナンス経費、環境問題や乳幼児の保育などをはじめとした福祉経費は膨大であり、税の揚がりを楽しむほどの余裕は生まれない。事業や政策の優先順位を改めて真剣に考えせざるをえないだろう。地方部もほんとうに道路が不足しているならば、自治体全体の新しいビジョンを描いたうえで、道路建設を進めればよい。

そのときには、国道や県道に並行して広域農道が走るといった事態は生まれないし、明かりの燈る日が極端に少ない豪華な文化ホールが、田園のなかにそびえることもないだろう。

国・地方を通じた税財政の改革を

自治体の無駄づかいばかりが問題視されるが、先ほど述べた補助金交付の事務的経費のロスは、中央省庁側にもあてはまる。補助裏のための借金は自治体側に積もるが、補助金支出のための借金は中央側に積みあがる。地方交付税交付金も原資である国税五税では足りず借金を重ねてきた。どちらにしても納税者にしてみれば、首を締めつけられることになる。

固有の自主財源中心主義の自治体運営は、自治体のみならず国政の改革に通じる。参院選立候補予定者が「○○から、小泉政権とともに日本を変える」というのは結構だが、そのためには「等からずを憂えず」の精神をもって、大胆な国・地方を通じる税財政の改革を訴えるべきだ。

有権者もまた、しょせん一人か二人を選ぶ選挙なのだから、だれがドブイタ政治から最も距離をおいているかを見極めるべきだろう。

（同、二〇〇一年八月号）

学校を閉じても何も解決しない

「授業参観日に保護者にまぎれて不審者が侵入すると考え取り止めようと思いましたが、多数の保護者がいられるので万が一のときにも大丈夫と考え、実行することにしました」。これは、筆者がかつてPTA会長を務めた小学校の「学校だより」最近号に掲載された校長あいさつの一節である。おそらく、職員会議や主任会議で大真面目に議論されたのだろうが、どこかおかしくないだろうか。

たしかに、大阪教育大学付属小学校での惨劇が、教員や児童の保護者をナーバスにしているのも事実である。そしてまた、同じような事件が繰り返されない保証はどこにもない。けれども、この校長のメッセージは、学校を開けたら凶悪な犯罪を起こす可能性のある人間が入りこむ、その一方、校長はじめ教員には児童を犯罪から護る力はありません、といっているようなものだ。「学校だより」は、保護者ばかりか児童にも読まれる。これでは子どもたちの社会や学校への信頼が、揺らいでいってしまいかねない。

少しでも信頼感をつなぎとめようとするためか、この小学校のみならずどこでも警備を一段と強化している。鉄格子の門扉を授業終了までがっちりと閉め、訪問者はわずかに開いた正面玄関のくぐり戸から入る以外にない。放課後の校庭開放も残っている児童に危害が加えられかねないとして、取り止めるところが続出している。

「開かれた学校」は本当か

教育関係者は何かと「開かれた学校」を強調する。しかし、実際の学校現場の中身は「開かれた学校」からはほど遠いといえるのではないか。

筆者のPTA役員時代の経験に照らしても、牛乳の飲めない子どもの周りに他の児童を集めて強要する教員がいるかと思えば、主治医のアレルギー診断書があるにもかかわらず弁当持参を認めようとしない教員がいる。保護者の苦情を受けて校長や教員と交渉にあたっても、「秩序ある生活が教育の原点」とくる。こうだからこそ、炎天下の校庭に児童を整列させ、近隣騒音など意に解さずに、ラウドスピーカーで「訓示」し、校歌をうたっている。いったい、こんな軍隊のような学校が、どこの国にあるというのだろうか。

「開かれた学校」をわざわざ強調せざるをえないほど、管理教育と独善性が学校現場を覆っているといってよい。そこへもってきて、「凶悪犯罪からの防衛」を掲げて学校の構えを強化するならば、内部はますます閉鎖性を高めてしまうだろう。保護者もまた子どもへの「災い」を危惧してか、状況を甘受するばかりで教員に物申す者は例外である。クラス替えがあれば教員の「当たり」「外れ」が囁かれているにすぎない。

凶悪犯罪が相当な頻度で発生しているわけではない。何事にも用心は必要であるとしても、学校の閉鎖性の高まりは、子どもたちの将来に禍根を残す。このことをもう少し冷静に考えるべきでないか。

群馬県の小寺弘之知事は、こんな時代だからこそ小学校区をまさに自治区とする気概をもって、小学校を名実ともに地域に開いていく必要があるといっている。まさにそのとおりである。保護者に犯罪の「盾」となることを期待するのではなく、学校自らが地域に溶け込み、地域との一体性を深めていくべきだろう。

方法はいくらでもある。旧文部省は「余裕教室」(彼らは「空き教室」とはいわない)の再利用に関する通知で、それらが「教育財産」であるから教育以外の目的に用いてはならないとしてきた。地方分権改革の動きのなかで、空き教室の利用についての制約は緩和されてはいる。しかし、そこにデイケアセンターなどを設けても、校舎の構造上は相互に行き来できないように遮断されている。学校の利用形態を本当に開かれたものとすれば、奉仕活動の義務づけなどを法制化しなくとも、学校のなかで自然と、世代とライフスタイルを超えた支え合いができるはずである。

社会科の授業のなかで地域の歴史を学ぶ時間がある。遠くから通勤する教員が授業準備するのも結構だが、地域には時代とともに学校周辺がどのように変わってきたのかを、まさに自らの体験をまじえて語れる人々が多数いる。昨今のIT教育にしても同じであり、児童らにコンピューターの使い方を教えられるリタイアした技術者もいる。世代を超えた交流は、役所が下手な老人生きがい対策事業を考えるより、よほど効果的な生きがい発見の場となり、住民は学校を支えようとする。

地域のなかで育てる

筆者はアメリカ・バージニア州の現地校に子どもを通わせた経験がある。そこでは保護者・教員・

児童が一体となって、それぞれの特技を生かしながら校庭に遊具を作った。大工道具の使い方やペンキの塗り方をはじめとした技術の伝承ばかりか、心の交流が自然と深まっていく。あるいは、カフェテリアで子どもたちと近隣の高齢者が一緒にランチを採るのが日常となっており、息子のクラスは親しくなった女性の家に招かれ、授業の代わりにバーベキューを楽しんできた。相互に地域に生きることの楽しさを学んだはずである。

日本では校長の諮問会議が学校ごとに設けられようとしているが、そんな「官製会議」で地域に開かれた学校など作られようはずもない。

大阪の悲惨な事件が教えているのは、地域のなかで多くの世代が一体となって子どもを育て護ることの重要性であり、そのための開かれた学校に向けた改革ではないだろうか。（同、二〇〇一年九月号）

「痛みをともなう改革」に踏みだす前に

参院選挙を勝利に導き、自民党総裁としても再選された小泉純一郎首相だが、彼の掲げる「聖域なき構造改革」「痛みをともなう改革」の意味が、もうひとつはっきりしない。

二〇〇二年度予算の概算要求枠を決めた経済財政諮問会議は、公共事業費とならんで社会保障費を抑制するとした。概算で三千億円ほどが削られるが、医療費支出の削減が中心となる。いったい、これをどう実現するのか。政府が医療保険の一本化を公約したのは、もう二十年も昔である。四年前に老人保健制度をはじめとした患者の自己負担増を図ったときにも、医療制度の抜本的改革が約束されたが、これも実現をみていない。

医療の完全公営化のもとで厚生労働省の定める薬価基準自体が妥当なのか。薬漬けを回避するために薬価と診療報酬のバランスをいかにとるか。これらが明確にされないと、保険財政に負担がのしかかる。先進国をみても、いわゆる開業医が最新鋭の高度医療機器を備えている国などない。医療機器メーカーのセールスに応えて購入したならば、借金返済のためにも使わなくてはならない。これまた保険財政を圧迫する。

厚生労働省は、一次から三次の医療圏を設定している。しかし、これは実質的に新規ベッドの抑制基準であって、家庭医から高度医療機関にいたる医療の体系化を図ったものではない。患者負担の増加をもとめるにしても、その前に医療制度の抜本的改革案が、まさに内閣主導で示されるべきではないか。そうでないかぎり、単年度の医療費支出を患者負担で抑制できても、ザルで水をすくうようなものだ。

医療費問題にも増してよくわからないのは、首相の指示で華々しく打ちだされた全特殊法人の廃止や民営化である。特殊法人改革が日本の財政構造の改革にとって不可欠であるのは論をまたない。日本の行政は、しばしば「無責任の体系」といわれてきたが、特殊法人はまさにその典型である。今年度から財政投融資制度は改革をみたものの、大蔵省資金運用部資金や簡保資金を原資として、事業の有用性など省みずに次々と政府金融や公共事業を行ってきた。しかも、総裁・理事らはことごとく所管省の高級官僚ＯＢである。

特殊法人改革の「闇」

特殊法人の経営悪化はいまに始まったことではない。しかし、彼らは経営状態などそ知らぬ顔で、高額の俸給をえているばかりか、基本的に勤続月数に俸給を乗じた退職金をえて、次々と特殊法人、さらにそのもとの公益法人や関連企業を渡っている。大臣官房人事（秘書）課は、こうした高級官僚ＯＢの人事も担当している。ある官房人事担当者が、筆者に「かつては二ヶ所見つければよかったのだが、いまでは三ヶ所見つけないと成仏してくれない」と、苦笑まじりで語ったことがある。高級官僚ＯＢにとって特殊法人の総裁・理事ポストは、たんなる老後生活の場所でしかないのである。

ともあれ、こうした無責任経営の結果、財投資金などを自己返済できなくなっている。放置すれば、すでに投じた郵便貯金や年金掛け金に穴があく。結局、一般会計から補給金などを支出せねばならないし、現にそれが続き財政破綻にも近い状況が生じている。つまりは、いまでも高級官僚ＯＢの「宴の後」始末は、税金で行われているのである。

特殊法人の廃止や民営化は、たしかに病状解決の「劇薬」としての意義をもっていよう。だが、病状の詳細は、実は首相ですらわかっていないのではないか。日本道路公団や都市基盤公団（旧住宅・都市整備公団）の負債額は三十兆円ともいわれる。北海道東北開発公庫と日本開発銀行を併合した政策投資銀行は、開発銀行の債務に加えて苫小牧東部開発やむつ小川原開発に失敗した北東公庫の負債を引き継いでいる。これが正確にいくらであるのか判然としない。特殊法人の会計には統一基準がなく、七七におよぶ特殊法人の資産と負債の全容は正確に公表されたことがない。すべてが「闇の中」であることが、問題解決の見通しを一段と暗くしている。

「みんな一緒に泣く」でよいのか

巨額負債ゆえの「廃止・民営化」といったとき、だれの脳裏にも浮かぶのは、巨額の債務をいかに返済するのかだ。国鉄民営化の際に国鉄清算事業団をつくり債務を棚上げし、資産売却で返済するとしたが失敗した。特殊法人の遊休資産を売却しようにも簡単に買い手が見つかる時代ではない。道路公団や政府金融機関を政府持ち株会社として民営化し株を放出しても、かつてのＮＴＴ株のような高値がつくはずがない。本州四国連絡橋公団を廃止しても、あのお化けのような橋を買い取って道路業を営む企業など現れないだろう。結局、竹中平蔵経済財政担当相が、「本四連絡橋公団に道路特定財源の投下は避けられない」ともらしたように、税金の投入が「痛みを分け合う」かたちで進行してしまいかねない。

政治のスローガンやプロパガンダとしては、「聖域なき構造改革」や「痛みをともなう改革」は魅力的である。だが、改革とは堅い岩盤にドリルで穴をあけていくようなものだ。医療制度のどこに問題があり何を正せばよいのか。特殊法人の資産と債務の全容はどうなっているのか、責任の所在はどこにあるのか。政府はこれらを全面的に情報公開すべきだ。それこそがこの国では、残念ながら構造改革の第一歩なのである。

「泣くときはみんな一緒」の負担増のみでは、政権への支持はやがてしぼみ、守旧派を喜ばすだけではないか。

（同、二〇〇一年十月号）

連合に「離婚」のすすめ

日本を代表してきた東芝、富士通、松下といった電機メーカーが、次々と大規模なリストラを打ち出している。失業率が五パーセントを超えて雇用不安が一段と深まっているようにみえる。テレビや新聞各紙には、失業への不安、失業後の再就職の難しさなどに焦点をあてた特集が目白押しである。そのようななかの九月初旬、あるテレビ局の企画報道をみていて、思わずブラック・ユーモアかと耳を疑った。報道の内容はおおむねこうである。

労働組合の一大ナショナルセンターである連合が、組合費を資本としてワーク・ネットなる失業者のための就職斡旋会社を設立した。社長に就任した、顔に見覚えのある連合書記局の幹部は、ハロー・ワーク（公共職業安定所）の職業紹介業務がきわめて事務的であり、失業者の適性や能力に細かく対応するものではない、失業者のカウンセリングをふくめて親身になった職業紹介業が必要とされていると、熱っぽくインタビューに応えていた。

役人の横柄さや尊大さを述べたR・マートンの『社会理論と社会構造』（みすず書房、一九七七年）は、「おまえたちがそうやって偉そうにしていられるのも、俺たちがいるからではないか」と、失業者がニューヨークの職業安定所で係官を怒鳴りつけたエピソードを紹介している。日本の職安も愛称をつけたからといって、基本が変わるものではなかろう。その意味では、ハローワーク批判は的外れではない。

度を超した物わかりのよさ

しかし、ちょっと待って欲しい。仮に、連合のつくるワーク・ネットが商売繁盛したら、労働組合とはいったい何なのだろうか。そもそも、労働組合が職業紹介会社をつくることに、おかしさを感じないのだろうか。

いまさら大上段に労働組合の意義など述べたいとも思わないが、組合幹部が常に語る労働者の労働条件の改善は、雇用を守ってはじめて実現する。労使関係が外見的にいかに近代化されていようとも、経営者は経営状態の悪化を理由として、なりふりかまわずリストラ（首切り）を通告してくる。こうした時代であればこそ、労働組合リーダーは組合運動の原点に立ち返って、組合員の雇用を守ることに、全力を投入すべきではないか。「多少のリストラ策をのんででも会社を守るのが大事」では、あまりに物わかりがよすぎる。ましてや、「別途、就職斡旋会社を設立して失業者の救済に立ちあがろう」では、物わかりのよさを通り越して、労働組合としての責任の放棄ではないか。

連合は小泉政権に対して新しい雇用の創出に向けた制度・政策闘争を展開するともいう。だが、アメリカやイギリスに比べれば二、三周遅れで新保守主義路線を鮮明にしている政権が、傘下の組合員数こそ多いものの「闘わない労働組合」の要求を、簡単に聞き入れるとは到底思えない。スト権を確立してリストラ策と闘っていく、少なくとも個々の職場で雇用の確保に向けて対抗する姿勢が鮮明にあってはじめて、政権の側も新たな雇用の口の創出に真剣とならざるをえない。しかし、そうした意欲も意思も組合幹部からは、消えうせているようだ。連合は二〇〇一年のメーデイ集会を連休中で人が集まらないとして、四月二八日に変更した。メーデイ集会は、慣習で五月一日に行われてきたのではない。組合幹部が一番よく知っているように、労働組合運動にとって歴史的意義ある日だからである。人が集まらないのではなく、個々の労働現場から組合活動をつくり上げていく努力を怠ってきたツケが回ってきているのである。

経済・財政の構造改革が問われているのとまったく同様に、労働組合にも徹底した構造改革が必要なのだろう。連合は一大ナショナル・センターとはいうものの、その内部は民間企業労組と官公労組の、まさに「連合」である。八〇年代の「バブル経済」期には、大きくなることで制度・政策闘争が可能であった。民間労組も一部に構造不況業種をかかえつつも、全体としていえば今日のような惨憺たる状況ではなかった。しかし、この民間労組と官公労組の「連合」は、ナショナルセンターを身動き取れなくさせている。民間労組の組合員とリーダーのあいだには、年金、健康保険をはじめとした社会保障制度の後退を前にして、政府のリストラこそ進めるべきとの不満が渦巻いている。だが、それをいいだせば、官公労組の不満を買う。年金改革、行政改革ひとつを取りだしても、明確な方針を決められないのが連合の実態である。

一方、民間労組も、企業別組合を基本として成長を遂げてきたが、いわゆる系列のなかに深く身を置く存在であった。企業系列あっての組合は、経営者側が系列を投げ捨てようとしているにもかかわらず、新しい組織論理を見出せずに産業別企業労組間の合同を模索する程度にとどまっている。

官民で分かれる処方箋

もはや、民間労組と官公労組は「離婚」するべき時代ではないのか。そして官公労組は既得の利益にしがみつくのではなく、納税者の視点を重視した新しい政府のあり方と、そのなかでの生きる道を提起するべきだろう。一方、民間労組は、企業別組織から職種別組織へと転換し、すでに崩れ去ろうとしている系列から自らを解き放つときである。そして、ワークシェアリングしてでも雇用の確保に努めるとともに、これまた政府のリストラによるNPOなどの新しいパブリックの形成とそこでの雇用の創出を図るべきではないか。この先にこそ、新しい時代における労働者の連帯が待ち受けているように思える。

(同、二〇〇一年十一月号)

狂牛病でも繰り返された「鈍感」行政

九月二八日、東京地方裁判所は、HIV薬害事件で業務上過失致死罪に問われた松村明仁・元厚生省生物製剤課長に有罪判決を下した。この法廷の永井敏雄裁判長は、今年三月に同じくHIV薬害事件で起訴された安部英・元帝京大学副学長に無罪判決を下している。一見、矛盾したような判決だが、松村被告に対する判決文を読んでみると、裁判長の頭のなかでは、「整合性」がとれているようである。

というのも、松村被告の起訴事実には二人の被害者がふくまれている。第一被害者は、八五年五月から六月にかけて、帝京大学病院で非加熱血液凝固製剤を投与された血友病患者である。第二の被害者は、八六年四月初めに大阪医科大学病院で非加熱血液凝固製剤を投与された肝機能障害患者である。第一被害者については、HIVに感染しエイズを発病する予見可能性は確立されていなかったとして、無罪としている。この論理は安部英被告に対する判決理由と同じである。第二の被害者については、八六年には加熱血液凝固製剤が販売されており、非加熱血液凝固製剤の回収、使用停止などの行政のとるべき措置を怠ったとして、有罪としている。

この判決は、行政官の不作為に刑事罰を科した初めてのケースとして評価されている。だが、不作為の責任追及は、加熱血液凝固製剤の製造承認後にもまして、非加熱血液凝固製剤の危険性を真摯に追求しなかったことに、おかれるべきである。

海外情報に機敏な対応なく

おりしも松村被告に対する判決と前後して、狂牛病を発症した牛が日本でも見つかり、農水省は飼料とされた肉骨粉の全面使用禁止を、あわてて打ちだした。厚生労働省も、牛肉加工食品の安全性検査に大わらわとなっている。食品公害病事件として広がっていかない保証はどこにもない。日本はこの種の事件を次々と引き起こしてきた。だが、その多くはまず外国で問題視され、対策への研究が進んでいたものである。

一九六〇年代初頭のサリドマイド事件。大日本製薬は、一九五八年にサリドマイドを「副作用のない安全な睡眠薬」として販売した。これを服用した妊婦から四肢奇形の障害をもった子どもが生まれた。それはヨーロッパやアメリカでも同じだった。一九六一年十一月、西ドイツのレンツ博士によって、新生児の四肢奇形の原因が、母親のサリドマイド服用にあることが確認された。各国は六一年十二月から翌年二月にかけて、次々と販売停止、市場からの回収を製薬会社に命じた。

しかし日本がサリドマイドの販売禁止措置をとったのは、六二年九月になってである。犠牲者の多くは、この措置の遅れで生まれた。

次ぎにスモン薬害事件。チバ製薬が輸入したキノホルムの錠剤を武田製薬が販売始めたのは五三年である。田辺製薬も成分が同じ錠剤を五五年に発売した。これらは腹部症状に効果ある安全な薬品とされたが、服用者に脳脊髄炎症を引き起こした。キノホルムは、もともとアメーバー赤痢に薬効をもつ劇薬である。

六〇年にアメリカ連邦食品医薬品局は、チバに対して「キノホルム剤に関しては、アメーバー赤痢の治療に限定するべきであり、店頭販売をやめ医師の処方としての制限を設けねばならない」と勧告している。厚生省はこの情報をもちながら、何ら対応しなかった。厚生省がスモンの原因をキノホルムであるとしたのは、実に一九七四年になってからである。

ＨＩＶ薬害事件もまったく同様である。厚生省がアメリカ発の情報への対応を二転、三転させながらも、ようやく八五年七月になって、加熱血液凝固製剤を製造・輸入承認した。一部のメーカーと結託した血友病専門医の意見にとらわれずに、外国政府の取り扱いや国際的研究動向を見つつ、非加熱血液凝固製剤の危険性を追及していれば、先の第一被害者のみならず多くの犠牲者は出なかった。

生命を守る研究体制を

狂牛病についていえば、八六年ごろから問題視されるようになり、九〇年代にはイギリスそしてＥＵ機関による研究が進んで、各国は飼料のみならず牛肉加工食品の規制を強化してきた。いまのあわてぶりをみていると、農水省も厚生労働省も「はるか海の向こうの話し」程度にしか認識していなかったといってよい。

このようにみてくると、薬害・食品公害などに恐ろしいまでに鈍感な姿が浮かんでくる。農水省も厚生労働省も、在外公館にアタッシェを派遣している。いったい、彼らは何をしてきたのか。族議員相手の「公費ＪＴＢ」では困るのである。

この二つの省は、それぞれ研究機関をもっている。だが、狂牛問題がはからずも明らかにしたように、農水省所管の動物衛生研究所は、従前に十分な対策を立てていなかった。ＨＩＶ薬害事件のもとなった生物学的製剤は、予防衛生研究所（現・国立感染症研究所）の検定を受けねばならない。だがこの予研はほとんど機能せず、製薬メーカーと一体になった医師たちの行動を阻めなかった。

今年の一月から内閣府に総合科学技術会議が設けられている。科学技術政策の戦略課題を審議するもの結構だが、政府はこうした過去を直視して、人間の生命を守ることを重視した研究体制の再構築にも取り組むべきではないのか。

（同、二〇〇一年十二月号）

真紀子問題を解決するには

「田中真紀子さん、外相をお辞めなさい」といったマスコミ論調が、急速に高まっている。たしかに、二〇〇一年九月十一日に起きた米国同時多発テロ事件以降の国際政治の動きをみるならば、外相不在といってよい状況は異常そのものだ。アメリカ・イギリス軍によるアフガニスタン侵攻、テロ対策特別措置法の成立を機とする自衛艦隊のディエゴガルシア島への派遣といった激動する内外の政治状況のなかで、外相が国際舞台での活動を疎かにしている。そして与野党ともに外相の国連総会をはじめとする国際会議への出席を拒んでいる。こうした事態は、日本の国際的信用にかかわるといわねばならないだろう。

支持の背景に「官僚内閣制」批判

ところで、マスコミ各社の世論調査では、若干の差はあるが、田中真紀子外相への支持率は、七〇パーセントを超えている。いったい、高支持率の要因はどこにあるか。彼女のキャラクターと言動が政治と行政のプロからいかに批判をあびようとも、多くの国民が依然として、彼女に「官僚内閣制」の改革を期待しているからであるといってよい。

議院内閣制が政治と行政の基本というが、それが外見だけであることを国民は見抜いてきた。閣僚たちは、可もなく不可もなく一年足らずの大臣職を無事務め上げることだけを考え、省庁内に波乱を起こすことを極力避けてきた。そうすることで自らの背後の利益を実現しようともしてきた。まさにこれは、議院内閣制ならぬ「官僚内閣制」であり、政治と行政におけるマスター・サーバント関係の逆転である。

政治が「官僚内閣制」を当然視してきたことが、今日の経済社会の深刻な閉塞状況を招いたといえよう。小泉政権誕生をもたらしたのは党員予備選挙だが、自民党員・党友なる「素朴な保守主義者」にさえ、こうした日本政治の病理が認識されたのであり、「官僚内閣制」の改革こそが政治の焦点である。外務省改革もこの原点に立って行われなくてはなるまい。

外相不在状況のきっかけのひとつとなったのは、田中外相による外務省不正経理の追及だった。河野洋平前外相による綱紀粛正に満足しなかった彼女は、外務官僚幹部の責任まで含めて追及しはじめ、外務官僚との軋轢を深めた。その結果、ウンザリするほどの官僚側の抵抗と、彼女の「奇怪な」行動についての報道（その多くは外務官僚によるリークだろう）がなされ今日に至っている。もはや外相と外務省高級幹部とのあいだに相互信頼はまったくない。そこにつけ入るかのように、外交利権に目ざとい族議員が「外務省の正常化」を掲げて介入し、混迷に輪をかけている。

外務省問題の本質は、ある意味で単純である。戦後日本行政学の先達であった辻清明教授は、敗戦直後に「対民衆官紀」なる言葉を用いて、官僚制の改革を論じた。このいささか古典的な言葉が意味したのは、官僚は特権的身分関係の維持を図るのではなく、まさに民衆の立場に立った行動を規範とせよということである。以来、五〇年からの時間が経過するが、日本の官庁のなかでも外務省は、「前近代的」官庁であり続けたといってよい。二〇〇〇年度まで外交官採用Ⅰ種試験が一般の国家公務員試験と別立てとされ、キャリア組外交官の採用には、コネクションがかなりの程度機能する状態が続いてきた。彼・彼女らのあいだに、いかに二世・三世あるいは「お生まれの良い」子弟の多いことか。それは他の官庁の比ではない。その結果、外交官試験Ⅱ種および各種の専門職試験によって採用されたノンキャリア組職員とのあいだには、他の省庁にはるかに勝る歴然たる身分関係が作られてきた。もう十五年ほど前になるが、ワシントンの研究所時代に知り合った日本大使館ノンキャリア組職員夫人は「ほとんど女中扱い」と話していたが、在外公館では職員間の身分関係は、家族関係にまでおよんでいる。

当然、この強い身分関係の支配する官庁内にあっては、「汚れ仕事」を引き受け「出世」を図ろうとするノンキャリア組職員が生まれてくる。外交機密費を不正流用し、競争馬を購入したり、ホテルでの遊興に用いた職員はいずれもノンキャリア組職員である。彼らの「摘み食い」的非行もさることながら、報償費などの使い残しや二重帳簿による裏金プールの実務は、いずれもノンキャリア組職員に担われ、幹部らもそれを享受してきた。今日外務省内では、使い切ってしまったプール金一億円を外務官僚OBまで含めて、ポケットマネーで弁償する事態になっている。こうした問題が生じるのも、外務省高級幹部が官庁内身分関係にあぐらをかき、税に対する感覚を欠いてきたからであるといってよいだろう。

「奥の院」体質にメスを

外交に機密がつきまとうのは当然である。だが、機密のベールが外務省の内部管理全体におよび、国民の手の届かない「奥の院」のような病理を深めるとき、外務官僚がどんなに高尚な論を展開しようとも、日本外交に対する国内・国際的信用は低下していく。

不思議に思うのは、会計検査院が何ら能動的に行動しないことだ。プール金の存在や渡切金の不明朗な会計を外務省も認めている。会計検査院は全力をあげて解明に取り組むべきではないのか。首相官邸も外務省のキャリア官僚と結んで「官邸外交」を展開するのではなく、外務省の内部改革に力を注ぐべきである。副大臣・政務官を増員して政権チームを外務省内に築き、外交に対する政治の指揮強化と組織改革に取り組むべきだ。外相の首をすげかえるだけでは、外務省への信頼は回復しない。

（同、二〇〇二年一月号）

何とも元気の出ない市町村合併

「私に反対する者は、すべて抵抗勢力」の言葉で始まった小泉構造改革だが、独立行政法人への衣替えや類似法人を合わせる「ホッチキス統合」で決着した特殊法人改革にみるように、勇ましい掛け声ほどには成果があがっていないというべきか。しかし、国政レベルでの小泉改革をめぐる喧騒の一方で、着実に「成果」のあがっている分野がある。

それは全国ニュースの対象とならないから一見地味なのだが、「平成の大合併」といわれる市町村合併だ。地方都市やそれに隣接する地域ではまさにホットな政治課題であり、連日のように合併協議会の設置、合併に向けたシンポジウムといった話題が、地方紙や全国紙の地域版を飾っている。総務省自治行政局の官僚や学者、ジャーナリストらの一座が、知事の要望応えて合併のメリットを各地で訴えている。

政府は市町村合併特例法の時限が切れる二〇〇四年度末までに、現在の三千二百余の市町村を一千程度に削減し、将来的には三百程度の基礎自治体に再編したいとしている。小泉政権の誕生前から、旧自治省は都道府県にそれぞれ市町村合併モデルをつくるように指導してきた。そして、政権の誕生後には経済財政諮問会議の「骨太の方針」でその強力な推進が確認されている。

政府の本音は赤字つぶし

都道府県のなかには、総務省の指導に「面従腹背」のところもないわけではないが、大半は「市町村の自主的判断による合併」を掲げつつ、市町村を強力に「指導」している。おそらく、今年中に一千はともかく、各地でかなりの合併が進むだろう。

「平成の大合併」が唱えられる背景は、ある意味で単純である。地方分権時代には「行政能力と行政効率の向上」が問われているとされる。だが、実際のところは、地方交付税特別会計の赤字が極端に進んでおり、「カネ食い虫」である弱小町村を整理したいというのが政府の本音なのだ。

地方交付税は、所得税・酒税収入の三二パーセント、法人税収入の三五・八パーセント、消費税収入の二九・五パーセント、たばこ税収入の二五パーセントを原資として、自治体に一般財源として交付される。交付総額は一九九九年度決算で二〇兆八千億円にのぼっている。だが、地方交付税特別会計は、これら国税五税の原資分ではまかなえず、資金運用部資金を借り入れてきた。今年度末で特別会計の借入れ金総額は、実に四二兆五千億円に達しようとしている。こうした状況は、地方交付税制度の破たんを意味するだけでなく、一般会計の硬直化を一段と推し進める。これを解決する手っ取り早い方法は、自主財源収入が一五パーセント程度にとどまり、地方交付税をはじめとする国庫支出金に大半の財源を頼っている弱小町村をなくすことであるとなる。すでに政府は、兵糧攻めのように、地方交付税の段階補正（弱小町村への傾斜配分）を廃止した。弱小町村は存続の道を断たれようとしている。

たしかに、国の財政のみを考えるならば、「カネ食い虫」的弱小町村を削減し、統合することが避けられないないだろう。だが、一応の目標とされている人口二十万から三十万人規模の自治体への再編がもたらす問題点も多い。農山村部の自治体関係者は、こうした人口規模の目標値について、「あれは東京の人の考えること」という。なるほど大都市圏では、限定された地域のなかに二、三十万人の人々が生活している。だが、地方部で人工的に同じ規模の自治体をつくろうとすれば、面積ばかりが広大で集落が点在するところが多数出てくる。本当にそれが行政能力や効率の向上につながるのか、合併の旗を振っている当事者たち自身が苦悩している。

分権型社会とはいうが、中央の方は集権的に市町村合併を迫る。自治体の側は内心では「うまくいくはずがない」と思いつつも、総務省や県庁の指導に反旗を翻すことなく、「従順」に従っている。この問題に限らないだろうが、なんとも元気のない話しである。中央も地方も「自己決定・自己責任による活力ある社会」というならば、もっと別のシステムを大胆に提起し、議論を重ねるべきではないだろうか。

画一的制度いつまで

地方交付税の大赤字の根源は、景気対策のために財政出動が不可欠とし、補助金を地方債の許可とセットでばらまき、地方債償還時に交付税で面倒をみてきたことにある。こうした政策を推進した政府にも、安易に乗った自治体にも責任がある。その責任の自覚のうえに、新しい財政調整システムが構想されてしかるべきだ。地方交付税制度には手を入れずに、特別会計の負担軽減のみを追求しても、財政赤字が解消に向かうはずがない。そしてまた、自治体の規模拡大というが、そこでは「自治体は総合的行政体であるべき」が前提とされている。霞ヶ関の「現場事務所」であるかぎりは、総合的行政体であることが望ましい。だが、画一的な規模拡大は、住民の手から遠く離れた自治体をつくるだけだ。近隣社会に学校、消防、介護や看護などの特定の目的を実現するための「生活者の政府」が、多数創られてもよいのではないか。そのうえで、環境や土地利用、交通などを担う広域的な自治体が、府県の再編成を視野に入れつつ、考えられるべきなのではないか。

二一世紀も二年目となった。明治近代化以来まったく変わらない画一的制度をよしとしたうえで、小手先の修正を仰々しく語る時代はもう終わりにしたい。活力ある社会は、結局のところ、一人ひとりの住民が限りなく地域のあり方をコントロールし、討論できるシステムを創らないことには、実現しないのである。

（同、二〇〇二年二月号）

農水相からの手紙

狂牛病（牛海綿状脳症＝ＢＳＥ）の発生がもたらした牛肉への不安は、いくらか沈静化に向かっているのかもしれない。だが、池袋の繁華街の焼肉店はあいかわらず閑散としている。ゼミの学生たちに聞いてみても、行く気はしないという。食肉業界、畜産農家の痛手はかなりのものだろう。「捨牛」などという考えられない事態まで起きている。

二〇〇一年末、武部勤農水相から二度目の〝ラブレター〟をいただいた。一度目は十月だった。

「平素から農林水産行政にご理解を賜りご鞭撻をいただいておりますことに感謝と御礼を申し上げます」なる常套句ではじまり、安全検査体制を整えたから「ご安心を」というものだった。そこには「初期段階で行政上の不手際があり深く反省いたしております」とも書かれていた。ところが、二度目は手紙というよりは「行政文書」であり、そのなかのひとつに「BSEをめぐる経緯と対応について（その2）～第2、第3頭目のBSE感染牛の発見と風評被害対策等～」があった。

風評被害の犯人はだれか

そこには「現在、一部の方々から、九六年当時に十分な措置を講じていなかったことが今回のBSE発生を招いたのではないかとの御批判をいただいております」と書かれ、続けて「今般の事態を踏まえた風評被害対策について」なる項があり、種々の対策が述べられている。いかにも役所らしく文章のつながりを巧妙にボカした書き方だが、「一部の人間が批判するから風評被害がひろがった」といわんばかりである。そして、筆者も「一部の人間」の一部であるようだ。たしかに、本誌でもHIV薬害事件との関連でBSEにふれているし、『週刊東洋経済』にBSE対策の遅れを招いた重要な要因は業界行政としての畜産行政にあるとコラムとインタビューで述べた。

しかし、この文書を読んでみてつくづく思うのは、武部農水相も農水官僚も、事の本質がわかっていないということだ。先の文書には、「風評被害の防止を徹底するため、①牛肉はもともと安全であること、②全頭検査により、ＢＳＥが確実に摘発され、安全な牛肉以外食用に一切出回らないシステムが有効に機能していること、について改めて、国民の皆様に正しく理解していただくための活動を展開することとしております」とある。現在、市場に出ている牛肉は一応「安全」と、多くの人々が考えていよう。だが、「もともと安全」とは一体どういう意味だろうか。これは言葉尻をとらえているのではない。「安全」でなかったから、屠場での全頭検査体制を敷かざるをえなかったのではないのか。

多くの消費者がレストランで牛肉を避けていること、食肉店で牛肉を買い控えていることは、検査体制にそれなりの信頼をおきながらも、検査体制を立案し推進している農水相と官僚機構に不信感をもっているからだ。つまり、行政に対する信頼は根底の部分で著しく揺らいでいるのであり、決して「風評被害」などというレベルに問題の本質はないといってよい。なぜ、そのことがわからないのだろうか。

情報公開がすべての出発点

農水省が消費者の信頼を回復し、ひいては畜産農家や関連業界の経営安定をはかろうとするならば、一連の事態について徹底した情報の公開をすることだ。それには少なくとも三つの次元がある。

ひとつは、九六年当時の行政指導をめぐる動きについてである。武部農水相は「肉骨粉の使用を控えるようにとの行政指導を知らなかった農家も悪い」と述べたという。だが、農水省の側にＢＳＥへの危機感が欠けていたからこそ、行政指導に切迫感がなく、農家も飼料メーカーも、真剣に対処しなかったのではないのか。八〇年代後半から九〇年代にかけて農水省と付属研究所（動物衛生研究所）などが、ヨーロッパの動向をどのようにつかみ、日本へのBSE上陸をいかに認識していたかを明らかにすべきである。

第二は、昨年六月のEU委員会の調査協力を断った理由である。EUの調査報告書草案は、「日本で狂牛病が発生する可能性が高い」と指摘したが、農水省はEUの評価基準が国際獣疫事務局の基準と違っていることを理由に協力を拒んだとされている。この真相は依然やぶのなかだ。ただ、確かなのは、EU調査報告書草案が危険性を指摘していた、イギリスから輸入された繁殖用牛を原料とした肉骨粉やイタリアから輸入された肉骨粉などの国内流通を傍観し、「BSEハイリスク」の飼料として調査しなかったことである。なぜ、こうした対応となったのか、省内の意思決定の過程を公開すべきだろう。

第三は、一頭目のBSE発症牛が発見された直後の対応についてである。発症牛は処分したと公表したかと思えば、すでに肉骨粉になったと修正した。単なる連絡体制のまずさではなく、全省的な危機管理体制がどうなっていたのかを明らかにすべきだろう。

HIV薬害事件のときも、厚生省（当時）は当初、エイズハイリスクグループから採血された血漿を原料とする血液製剤でも、エイズを罹病する可能性は低いとしていた。事態がまったく異なったのはいうまでもない。消費者は時々の判断の実態を明らかにしない行政に「うんざり」しているのである。武部農水相は「辞めるだけが責任のとり方ではない」という。そうだとすれば、「ほとんど何もBSE対策を講じていなかった」、「日本に上陸するとは考えもしなかった」という結果になるにせよ、ここで指摘したような点を公表すべきなのだ。

行政が「痛み」を感じない限り、信頼回復はないと知るべきである。

（同、二〇〇二年三月号）

口利きを退治する心の構造改革

一九九〇年代初頭に政治改革議論が沸き起こるきっかけとなったのは、八〇年代末のリクルート・スキャンダルだった。もう十年以上も前の事件であり、記憶も薄れているかもしれない。就職情報産業のリクルート社が、子会社で不動産業のリクルートコスモスの株を、店頭公開に先だって大量に政治家から官僚、文化人にまで配った事件だ。いわゆるバブル経済真っ盛りのころだから、店頭公開されれば一挙に株価ははね上がる。新手の贈収賄ではないかといわれ、刑事事件ともなった。スキャンダルの発覚後、国会で追及された政治家たちはいずれも、責任を秘書につけまわした。「秘書が……、秘書が……」の言葉がはやったのも、あのころだった。これでは秘書はたまったものでない、と一部に同情論すら聞かれたほどだった。

さて、それから十数年。今度は「先生が……、先生が……」の事件である。加藤紘一・元自民党幹事長の秘書で会計責任者が、公共事業の受注をめぐって業者から口利き料とっていたことが発覚した。つづいて鹿野道彦・前民主党副代表の元秘書が、やはり同じように口利きビジネスを行っていたことが明るみに出た。どちらも脱税容疑から捜査が進んだが、鹿野議員の元秘書の一件では、入札をめぐって業者と首長から逮捕者が出ている。

国税OBの「天下り」も

警察や検察の捜査の手がはいらないまでも、似たような（元）秘書らの口利きビジネスは、各地で展開されているようだ。彼らが「先生」の意をうけて行動し仲介を約束しているのか、「先生」に無断でその虎の威をうまく使っているのか、定かでない部分が残っている。だが、どちらにしても、業者が公共事業の受注にあたって「先生」の威光に縋りたいと感じているからこそ成り立つ闇のビジネスだ。

このところ、ゼネコンの経営危機は、地方の中小零細土建業者の経営を一段ときびしくしている。筆者もそうした業者の「窮状」を聞かされたことがあるが、まったく儲けの出ない額で下請け・孫請けをもとめてくるかとおもえば、落ちるかどうかわからない手形で工事費を支払ってくる。それでもまだ工事にありつければましだという。こうした状況があればこそ、ハイエナのごとき口利きビジネスが、なおのこと横行するのだろう。

ところで、口利きビジネスは、政治家と（元）秘書の関係を利用したものばかりではない。元札幌国税局長である税理士が、巨額の脱税事件で逮捕された。税務署や税関などに二三年間勤務した職員には、特例で税理士の資格があたえられる。彼らは形式的には国家試験をうけて資格を得ているが、この試験は簿記と税法の「特例試験」であって、受験すればほぼ全員が合格する。もともとは戦後、滞納者に脅され「危険手当」をつけても集まらない税務職員を確保するために、特典として定められた制度だが、今日まで続いている。ともあれ、定年で退職して税理士事務所を開業するときには、いわゆる平職員であっても、勤務していた税務署は最低三件の顧問先を斡旋するといわれる。ましてや国税庁本庁の幹部や地方国税局長ともなれば、推して知るべしである。

こうした特例制度と慣行は、形を変えた「天下り」といえる。いまどき、税務職員あがりの税理士を顧問に受け入れても、その事業者が税務署に日常的に便宜をはかってもらえるものではない。それほどこの国の税務行政のモラル（倫理）とモラール（士気）は低くないだろう。とはいえ、国税庁の側がいつまでも天下り＝顧問先紹介をやっているから、良からぬ「期待」が事業者の側に膨らむのだ。顧問税理士の斡旋を願い出て受け入れる事業者は、もしものときに口利きを期待しているのである。

そうした期待に輪をかけているのが、これまた昨今の経済状態であるといってよい。

「妖怪」がはびこる文化

しかし、それにしても、この国の社会は権威といった「妖怪」に、なぜこれほどまでに、いつまでも弱いのだろうか。政治家や（元）秘書が斡旋利得をえているのも、税務職員ＯＢの税理士が巨額脱税事件で逮捕されるのも、その源に権威に身をゆだねるような「文化」があってのことだ。そしてこのところ、それを知り尽くしたうえでの犯罪が、あまりにも目立っていないだろうか。雪印食品は会社ぐるみで輸入牛肉や豚肉を国産と偽装し、食品店に卸していた。ＪＡＳ表示を消費者が疑うことはないと考えてのことだろう。

こうした犯罪行為が許されないのは当然だが、問題はそこにとどまらない。権威の「妖怪」がうろつく社会は、ニセモノ社会をつくりあげてしまい、結局は何を信じてよいのかわからなくなるから、人びとの心を荒廃させ社会を衰退させてしまう。

では「妖怪」をどうやって退治するか。ゴキブリ退治のスプレー薬のようなもの、つまりは社会の病理や荒廃を糾弾し国を再生させると訴える、デマゴーグの登場を期待するほど危険なこともない。それではますます病理は深まる。劇薬はないが、じわじわと効く漢方薬ぐらいはあるだろう。それは政治家や官庁さらには所属企業などに依存してきた結果がどうであったかを、生活のレベルから考えてみることだろう。口利き料を支払ってみても、初めから闇の話しだから、期待どおり動いたかどうかさえわからない。「構造改革」なる言葉もだいぶ色褪せてきたが、自力で自分の足元をみつめる「心の構造改革」が、私たちにもとめられているのではないだろうか。

（同、二〇〇二年四月号）

「小悪」たたきより情報公開

国会の証人喚問のテレビ中継が復活して三年がたつ。復活第一号となった村上参議院議員喚問のときにも思ったことだが、証人や質問者の表情がリアルに伝わるテレビの実況中継は、政治の実態をわれわれに教えてくれる。二〇〇二年三月十一日に衆院予算委員会で行われた鈴木宗男議員の証人喚問は、政治家たちの資質を大衆の前にさらしたといってよい。

「答弁の前に、委員や国民のみなさまにおわびをもうしあげたい」で始まった鈴木議員の証言だが、ムネオハウスの入札問題、ケニアの発電所建設へのODA疑惑、コンゴ人私設秘書へのビザ発給問題のどれをとりだしても、論点をはぐらかした答弁ばかりだった。ときに小首をかしげ、ときに陳謝しているかのような顔をみせ、ときに猛烈に反発した彼の表情からは、「なんでオレだけが……」といった表情がありありだった。

「白馬の王子様」でいいのか

一方の質問者とくに野党委員は、久方ぶりに活躍の場ができたとばかりに勇んでいたが、いただけない場面も多々あった。政治の信頼性にかかわる問題なのだから、証人をきちんと見すえて質問すべきだ。ところがテレビカメラの方を向いて、つまり証人の顔とは反対方向を向いて質問した委員がいた。ワイドショーや討論番組ではないといいたい。

もっとおかしかったのは、ムネオハウスの建設を受注した土建業者からの政治献金を「税金の還流ではないか」ときびしく叱責した委員がいたことだ。鈴木議員を弁護する気などさらさらないが、鈴木議員のみの「悪事」のごとく追及して大丈夫なのか、と思ってしまう。公共投資額がGDPの六パーセントにもなるこの国で、中央省庁や自治体の事業を受注していない建設業者からのみ政治献金をうけている政治家が、はたしてどれほどいるのか。

鈴木議員にまつわる疑惑は、大疑獄事件といった性格のものではない。大なり小なり多くの議員にみられる日常的行動ともいってよいだろう。それだけに「白馬の王子様」然とした質問者に共感が深まらないのである。

何とも言い得て妙なのは、喚問当日の朝日新聞朝刊に載った自民党某幹部の発言だ。彼は「地元の業者を入れろ、選挙に協力しろなどということは、どの政治家もいうことだ。（問題は言い方が）上品か下品かということだ」と語ったという。「下品」で問題を次々を引き起こし、政治への不信感をかきたてる政治家を切ろうということだろう。だが、それでは政治浄化につながらない。国民は「上品」だろうが「下品」であろうが、地元や背後の団体の利益のみを追求する政治にピリオドを打たねばならないと思っている。言い換えれば、族議員に総退場してもらいたいのだ。

今回の一連の疑惑を入口として政と官の関係を正そうとするならば、鈴木議員の行動を追及するだけでなく、もう一方の当事者である外務省の責任の所在を明らかにすることである。「社会通念に照らして、あってはならない異例のこと」があったとする「園部報告書」に、どことなく他人事のような印象をうけるのは筆者ばかりではあるまい。鈴木議員と一部幹部の「深い関係」とは具体的になにを意味しているのか、鈴木議員の意に沿うよう行動するように指示した幹部がだれなのか、さらにそのような意思決定は省内のどのような手続きを経てなされたのか、そうしたことは園部報告書からはまったくわからない。

外務省改革に取り組むと宣言した川口順子外相も、こうした疑問点に答えていない。外相は「顧客志向の外務省」への改革というが、「顧客」が国民を意味するならばまだその真の意味を認識できていない。戦後賠償以来、ＯＤＡには鈴木議員レベルの「小物」どころか、はるかに「大物」のかかわりが伝えられてきた。そうした「顧客」の実態を明らかにして、関係を切ることこそ問われていよう。

小泉改革の浮かぶ瀬とは

そもそも、なにをもって「社会通念上、異例」というのかはっきりしないが、外務省問題は、ひとり特定の外務官僚と鈴木議員の異例な関係のみをいうのではあるまい。政府レベル全体にわたる族議員と官僚機構の結託という構造的問題ではないのか。やり方がこれほど「下品」で「異例」かどうかは別にしても、ほかの省庁にも当てはまりそうな事例はつきない。

食肉への信頼を失わせる偽装事件が続発しているが、そのきっかけとなったBSE検査前の食肉買い上げはだれが決めたのか。日本道路公団のトンネル建設工事の中止と再開には自民党幹部の介入が取り沙汰されたが、これとてだれの圧力と公団・国土交通省のどのような意思決定で二転三転しているのか。

鈴木議員にかかわる連日のような公私おりまぜたマスコミの疑惑報道や証人喚問をみて、溜飲を下げている人間は意外と少ないのではないか。八〇年代末以来、繰り返される政治腐敗に、ほとほと嫌気がさしているのが正直なところだろう。

政と官の新しい関係を築く処方箋としては、議員が省庁職員と接することを禁じ、必要なときには大臣・副大臣・政務官のみに意向を伝えること、内閣提出法案の与党事前審査を廃止することなどをはじめ、多くのことが考えられる。しかし、その前に必要なのは、各省における政官関係の実態を情報公開することだ。それができるのは制度的に政権だけである。小泉内閣もこのことに着手して初めて、支持率低迷から浮かぶ瀬もあるというものだ。

（同、二〇〇二年五月号）

有事法制で何を考えるべきか

新学期のはじまった大学のキャンパスには、色とりどりの立て看板が林立している。これらすべてがテニス、スキー、ダンス、合唱、マンドリンやギターといったサークルの宣伝だ。右であれ左であれ政治に注文をつけた立て看板など、ひとつも見うけられない。こんな光景が新学期のキャンパス風物詩となって、かれこれ二十年以上たつだろうか。見慣れたといえばそれまでだが、なんとも長閑である。

つかみどころのない平板な政治

だからというべきだろうか、さしたる議論も反対行動も起こらないまま、有事法制関連三法案が二〇〇二年四月十六日に閣議決定された。そしてまた個人情報保護法案という結構な名をもった言論活動規制法案が、国会を通過しようとしている。筆者は子どものころ、潮が満ちてくるのに気がつかずに磯辺で夢中に遊んでいて、首近くまで海につかってしまったことがある。なにやら時代は、そんな状況に似ているようにも思える。

大学のキャンパスにかぎらず、大都会の不夜城のような歓楽街をみていれば、戦争状態などに対処するといっても、ゲームの世界の話のように思えてもこよう。政治指導者の言動にも、八〇年代の中曾根首相のような勇ましさはない。中曾根氏は「日本の浮沈空母化」「四海峡封鎖」「軍事費増強」と古色蒼然とした国家主義を打ち上げていたのだが、選挙演説で流行歌を披露した現宰相は、「備えあれば憂いなし」である。市井の言葉で政治を語るのはもちろん大切だが、それはあくまで自らの政治的信条と国のあり方をわかりやすく語るべきという意味でである。「備えあれば憂いなし」では、政治に緊迫感は生まれない。有事法制関連法案には、野党とくに民主党の若手議員のなかにもかなりの推進派がいる。これまた昨年のニューヨークのテロ事件や不審船の出没を例にだして、備えておくことが政治の合理的行動といった言動を繰り返している。なんとも政治が平板であって、つかみどころがないといった印象を社会に与えてしまっている。

小泉首相が平板な政治を演出しつつ、この国の国家体制を基本から組替えようと意図しているならば、稀にみる戦略家であり、ある意味で「大宰相」だろう。あるいは、国家体制の改造を目的として、彼を操る黒幕がどこかにいるのかもしれない。しかし、実態はこのどちらでもないだろう。米ソ冷戦体制が崩壊した九〇年代初頭に「国とはどうあるべきか」を真剣に再考しないまま、政治腐敗や高級官僚のスキャンダルを繰り返してきた。その結果、政治の思考能力は極度に低下した。あれもこれもが政治の実現すべき目標とされた。こうなれば、権力むきだしの法制も登場する。

それは九九年の第一四五通常国会にさきがけのように現れた。高速輪転機から印刷物が出てくるかのように、周辺事態法、国旗国歌法、通信傍受法、憲法調査会設置法から情報公開法、地方分権一括法まで、「滞貨一掃」のごとく新しい法律が制定された。権力の強化を図るものから歯止めをかけようとするものまでゴチャゴチャあり、政治的分裂症といってよい。

ムネオが、辻元が、真紀子が、加藤が……と、面白おかしいテレビのワイドショーや雑誌報道に「熱中」し、他方で「お受験」や「癒しサークル」に夢中になっているのは、やはり「ヤバイ」ことなのだというべきだろう。もちろん、「そんな説教聞きたくもない」といった若者も多いかもしれない。

とはいえ、この国は「第五条　政府ハ戦時ニ際シ国家総動員上必要アルトキハ勅令ノ定ムル所ニ拠リ帝国臣民及帝国法人其ノ他ノ団体ヲシテ国、地方公共団体又ハ政府ノ指定スル者ノ行フ総動員業務ニ付協力セシムルコトヲ得」、「第二十条　政府ハ戦時ニ際シ国家総動員上必要アルトキハ勅令ノ定ムル所ニ拠リ新聞紙其ノ他ノ出版物ノ掲載ニ付制限又ハ禁止ヲ為スコトヲ得」と定めた法律をもったことがある。

取り扱い注意の赤札

このカタカナ交じりの法律は、一九三八（昭和十三）年四月一日に公布された国家総動員法の一部だ。条文の表記は硬いけれども、制定が準備されている有事法制関連法や個人情報保護法に、よく似ていないだろうか。「勅令」（天皇の発する法規範）を政令におきかえたらそっくりだ。政令もまた国会の承認を必要とせず、内閣レベルの裁量で決めることができ国民に拘束力をもつ。

こうした法体制をつくった結果がどうであったのかを、ここで記すまでもないだろう。こんな政治の道具を権力に与えたら、それを使って国民を有無をいわせない状況に追いこむのは目にみえている。「権力に取り扱い注意の赤札を貼るべし」と語ったのは、丸山真男だが、まさにそのとおりであって、権力には行動が不自由であることを自覚できる程度の手枷足枷をはめておいたほうがよいのだ。

昨年秋に制定されたテロ対策特別措置法もそうだが、有事法制などはグローバル・パワーとしてのアメリカへの協調を図るものといってよいだろう。ただ、これは二国間同盟を基本としている。世界には百八十を超える国がある。日本の生き方として妥当だろうか。

いったんつくった法体制は、制定時の状況や立法者の意図とは関係なく機能していく。誰しも重苦しい気持ちになり将来を暗く考えることを好まない。ただ、今回ばかりは、マスコミはもとよりとして、草の根から議論を起こしていくべきではないだろうか。

（同、二〇〇二年六月号）

有事法制論議で欠ける視点

田園風景を残す地域をドライブしていると、「非核平和都市宣言の町」といった看板が目につく。市町村役場にその種の垂れ幕が掲げられているところもある。周りがのどかだから目に入ってくるだけで、農村部の自治体だけに「非核平和都市宣言の町」が多いわけではない。二〇〇二年三月末現在、三四府県、二千五百六七市区町村、実に全自治体の八割近くが非核平和都市宣言をしているのだ。こうした宣言を広げた原動力は、一九八二年の国連特別軍縮総会をうけて全国で展開された、原爆被爆フィルムの上映運動（テンフィート運動）であった。

数十人規模の小さな上映集会が全国各地で開かれた。そして地域から平和を創りだそうとの願いが、非核平和都市宣言へとつながっていった。

伝統的な論争軸だけでいいのか

一九八〇年代初頭は厳しい米ソ冷戦の時代であり、核戦争への不安が高まった。非核平和都市宣言のアイディアと国際的運動は、イギリスのマンチェスターにはじまる。広島・長崎の経験をもつ日本の地域住民が共感したのも当然であった。神奈川県知事であった長洲一二は、こうした運動の広がりを前にして、「自治体にも外交ができる」とし、「民際外交」の時代の訪れと意義づけた。地域と地域、市民と市民の「外交」ネットワークこそが国際平和をもたらすという主張は、彼が中心的役割をはたした地方の時代シンポジウムの基調ともなっていった。

ところが、九〇年代以降、つまり米ソ冷戦体制が崩壊して以降、非核平和都市を宣言している自治体の活動は概して低調である。市民の関心も薄れており、かつてのような熱気はみられない。宣言文のレリーフや看板が、記念碑のように立っているだけという状況も見受けられる。

ただ、大事なことは、非核平和都市宣言の意味していたのは、単なる反核兵器・反原発なのではなく、市民のレベルでの国際交流・協力を基本とするグローバルな平和運動の大切さであろう。折しも国会に提出された有事立法関連法案は、憲法前文や第九条の規定をめぐる論争を呼び起こしている。これらに照らして有事立法が妥当か否かの論争の意義を否定しないが、ある意味で、この論争軸は「伝統的」でさえある。そこに止まっていてよいのだろうか。

武力攻撃事態法案は、陣地の構築や戦車戦の障害となる法制度の除去や、病院をはじめとした施設の軍事徴用などを盛り込んでいる。条文を「素直」に読むと、何やら本土決戦が想定されているかのようだ。だが、仮に日本に侵攻しようとするいずれかの国の部隊があったとして、五七年前の凄惨な沖縄戦をあげるまでもなく、本土決戦の前に猛烈な空爆が展開されよう。しかも、空爆手段は精密化し大規模化している。これほど高度に発展した都市型社会では、陣地の構築や戦車戦は市民の防衛にほとんど役に立たないだろう。

知事たちのなかには、首相の強大な指揮権を前提とした有事法制に異論を唱える動きも生まれているが、今のところそれ以上の深みをもつものではない。有事法制をめぐる論点は、憲法九条に整合しているか否かに限定すべきでないのだ。二千六百を超える自治体が非核平和都市宣言をしている事実をふまえて、新しい市民の防衛についての構想が、地域からより積極的に提示されるべきではないのか。

「非有事」へ新たな地域運動を

実は、八〇年代に林茂夫、藤田久一、松下圭一各氏ら国際法学者・政治学者が問題提起しながらも、ほとんど関心が深まらなかった条約に、ジュネーブ四条約および追加第一議定書（国際的武力紛争の犠牲者の保護に関する追加第一議定書）がある。条約は一九四九年に採択されたが、追加第一議定書はベトナム戦争をふまえて七七年に採択され、七八年に発効している。日本は条約には五三年に加入したが、国内法制を整えないままであり、追加第一議定書にはいまだに批准していない。

この追加第一議定書には、「無防備地域」をはじめとした「市民防衛」「危険な力を内蔵する工作物及び施設」（原発などのこと）「文化財保護」などの国際標準（マーク）が定められている。それらはレーダー探知も可能なマークとされている。「無防備地域」の条件は、戦闘員・移動用兵器などの撤去、固定の軍事施設や営造物などの敵対利用の禁止、官憲・住民による敵対行動の禁止などだが、この条件が満たされた地域への攻撃は、戦争犯罪とされる。また「危険な力を内蔵する工作物及び施設」「文化財保護」などの所在を示していれば、それらへの攻撃は禁止される。

しかも、追加第一議定書はそれを批准した国においては、「無防備地域」の指定を国家間協議で行うのではなく、批准した国の「適当な当局」の宣言によるとしている。つまりは、自治体が宣言すれば有効となる。武力攻撃があることを前提とした武力の高度化ではなく、自治体が中心となって地域から武力攻撃のない条件を創りだすことができる。

二〇〇〇年四月の地方分権一括法の施行以来、首長らはしきりに「自己責任」「自己決定」を語っている。しかし、それらは行政権限や税財政収入の増加にとどまるものではあるまい。自治体の首長や地域の平和運動のリーダーは、非核平和都市宣言の運動にみられた原点に立ち返って、ジュネーブ四条約追加第一議定書の批准運動を起こしていくべきではないか。

自治体は中央政府の地方行政機関ではなく、市民の政府である。地方分権の真価が問われているといってよい。

（同、二〇〇二年七月号）

住民基本台帳ネットワークに待ったを

二〇〇二年八月五日から住民基本台帳ネットワークシステムが動きだすことになっている。これは一九九九年の通常国会で成立した住民基本台帳法の改正をもとにしている。国民全員に十一桁の番号をつけて、国が個人情報をこの番号で一元的に管理しようというものだ。市町村のコンピューターを都道府県のそれに、さらに地方自治情報センターのコンピューターを通して国のコンピューターつなげる。法案審議時に自治省（現総務省）は、全国どこでも住民票などがとれると住民の利便性の向上をあげていたが、その後次々と中央省庁の利用範囲が明らかにされた。現在、国は年金や雇用保険など二百六四事務について、個人情報を管理しようとしている。システムを稼動させるための準備は、自治体・国の双方にわたってほとんど完了している。

自治体からも凍結の動き

九九年の国会審議では、国民総背番号制に道をひらくといった批判が、市民運動や弁護士グループなどから寄せられていたが、自治体からはネットワークシステムについて、さほど異論は提出されなかった。電子自治体・電子政府の掛け声のもとで、事務の効率化がはかれるといった程度の認識であったといってよい。

しかし、ここにきて一部の自治体からネットワークシステム稼動の延期や凍結をもとめる声が出てきた。東京都国分寺市の星野信夫市長は二〇〇二年六月十二日、片山虎之助総務相に稼動延期を申し入れ、十四日には隣接する国立市も同様の態度を明らかにした。

こうした動きの背景には次のような事情がある。政府は九九年の住民基本台帳法の改正時に、ネットワークシステムの稼動は個人情報保護法の施行と一体とすると約束し、当時の小渕恵三首相もそれを明言した。だが、個人情報保護法はいま開かれている国会で成立するような状況にない。加えて、防衛庁が情報公開請求者について思想・信条まで加えた個人情報を作成し、「組織的」に利用していたことが明るみに出てきた。これでは「市民の個人情報を国に提供した場合、どのように使われるのか心配だ。……きちっとした法の定めがないと市民に説明できない」(星野市長)との意見も当然だ。だが、総務相は「八月五日実施の方針は変わらない」としている。

ところで、政府が重要法案と位置づけてきた個人情報保護法案には二種類ある。ひとつは民間を対象とした個人情報保護法案であり、もうひとつは八八年に制定された「行政機関の保有する電算処理に係る個人情報保護法」を改正する「行政機関個人情報保護法案」である。

前者については、とりわけ今年に入って新聞・放送・雑誌各社や小説家、ジャーナリストから、取材の自由や言論の自由を統制するものとの厳しい批判が展開されてきている。ニュースソースの公開や取材の規制が公権力によって強いられるならば、民主主義の基本である言論の自由を脅かす。筆者のような現代行政を主たる考察対象とする研究者にとっても他人事ではない。こんな法案は徹底的に再構成されねばなるまい。

ただ、その一方で、行政機関個人情報保護法案については、それほど関心がもたれてきたとはいえない。もともと八八年に制定された法律は、行政機関に対して保有する個人情報の訂正を義務づけていないし、対象となる個人情報も電算処理情報のみであって、その他の媒体による情報は除外されている。改正法案は個人情報の対象範囲を広げるとともに、利用目的の特定、個人の開示請求権や訂正請求権などを定めている。

大き過ぎる行政機関の裁量

だが、その一方で、この法案は、本人や第三者の権利を不当に侵害しない、事務の遂行に必要な限度内、相当な理由がある、といった「相当の関連性を有すると合理的に認められる」ときには、目的外利用を可能としている。しかも、こうした判断をするのは第三者機関ではない。個人情報を保有する行政機関の長の判断によるとされているのだ。これでは今回の防衛庁による個人情報リストの作成も、「合法化」されかねない。

さらに、法案は市民の開示請求、訂正請求、利用停止請求権を定めているが、第三者の個人情報が入っているときには開示しなくてもよい、行政機関の長が訂正請求を理由なしと判断すれば訂正しなくてもよい、事務の適正な執行に支障があると行政機関の長が判断すれば利用停止しなくてもよいと、ことごとく行政機関の裁量による例外規定を設けている。

防衛庁内では「密告者」捜しがはじまっているようだが、そもそも内部告発でもないかぎり、加工された個人情報があるのかないのかさえ市民にはわからない。これほど行政機関の裁量を広げ、それをチェックする仕組みを欠いた行政機関個人情報保護法案は、民間に対する個人情報保護法案と同じく、個人情報保護法制にまったく値しない。

こんな中身の法案では、仮に八月四日までに成立したとしても、住民基本台帳ネットワークは稼動させるべきではない。多くの自治体の個人情報保護条例は、「個人の権利利益を侵害するおそれがないと認められる時でなければ、他の機関に情報提供してはならない」と定めてきた。住民基本台帳を府県や国のシステムにつなげるかどうかは自治体の自治事務である。六月中旬から七月にかけて自治体の議会も開かれる。自治体はネットワークへの連結を停止し、国に法案の根本からの修正をもとめるべきだ。

（同、二〇〇二年八月号）

霞ヶ関人事で透けて見える公務員制度改革の方向違い

霞ヶ関は人事の季節である。新聞には各省幹部の人事異動が顔写真付きで紹介されている。城山三郎の『官僚たちの夏』にも、主人公の喜々とした人事いじりの場面が詳細に描かれているが、ポストによって生涯の設計までが変わってくる官僚にとって、人事は最大の関心事だ。

今年の人事をみていると、キャリア組官僚のなかには、二〇〇一年の中央省庁再編成を悔やんでいる人も多いのではないか。国土交通省や総務省のように大規模統合で生まれた役所では、メガバンクと同じようなもので、どこの出身者が最高幹部に就くかをめぐって暗闘が繰り広げられてきた。その結果、つい数年前まで思い描いていた官僚としての人生設計が、実現しなかったケースも生まれている。

帰属意識むきだしの人事争い

建設省、運輸省、国土庁、北海道開発庁が統合した国土交通省の初代事務次官には、旧建設省出身の事務官が就任した。たすき掛け人事なのか、次は旧運輸省出身者が就き、今回は旧建設省の技官出身者が次官になった。旧建設省では、事務官と技官が交代で次官に就くのが慣行だったので、旧運輸省出身者をはさんでそれを守った形になる。旧四省庁ごとに、何とか旧来の慣行を守りつつ、ポスト減に対応しようという涙ぐましい駆け引きが重ねられているのだろう。

自治省と郵政省、総務庁が統合した総務省も同じようなものだ。総務省の初代事務次官には、旧自治省出身官僚が就任した。今回の人事にあたって旧三省庁は事務次官ポストの争奪戦を展開したが、結局、旧郵政省出身の官僚が就任した。中曾根政権のもとで生まれ、一時期には国家公務員I種試験の上位合格者が就職した旧総務庁グループは外された。彼らは早くも来年七月の人事で事務次官職を回すように要求しているという。いずれにしても、事務次官のポストは三分の一に減ったわけだから、「夢」を絶たれたキャリア組官僚も多いはずだ。

各省内の人事争いを描いた小説やノンフィクションが出版されれば、それなりに話題となるかもしれない。しかし、こんな人事では「滅私奉公的な忠誠心をもてなくなる」といった声が聞こえてくるのは、何とも困ったことである。外務省の機密費をめぐるスキャンダルが物語るように、官僚たちが国民に「滅私奉公」してきたなどとは、だれも考えていない。彼らの忠誠の対象はあくまで帰属の官庁であり、それによって官僚制の階段をひとつでも上がることが願いだった。これを機会に国民の方に目と心が向くならば結構なことだが、人事抗争に明け暮れるとすれば、国民にとっては迷惑千万である。

折しも、小泉内閣が来年の通常国会への提出を閣議決定した国家公務員法の改正案は、こうした人事争いに油を注ぎかねない代物だ。各省大臣の人事権の強化をめざすとした改正案の柱は、年功序列型給与を能力別等級制に改めることと、「天下り」の人事院審査を廃止して大臣承認制とすることだ。その一方において、キャリア・ノンキャリアの入口での選別制度は現状のままにとどめ、事務次官職も存続させるという。大臣の在任期間が大幅に長くなったとしても、大臣が個別の職員の能力判定にかかわったり、「天下り」の実質的審査をできたりするわけではない。結局、事務次官—官房長—官房人事（秘書）課長のラインが審査の実権を握るのは、わかりきったことだ。しかも内閣の行革推進本部が明らかにしている能力審査基準は、職務の遂行度、組織の管理能力といった、どのようにでも解釈できる基準ばかりである。

こうなれば、特に大規模な統合で生まれた省では、どのグループが省の中枢を占めるかが、重大な関心事となってしまう。統合されずに存続している省でも、規模の違いがあるにせよ、人事の争いは高まっていく。大臣に人事権が集中したモラール（士気）の高い行政組織の実現などという目標は、絵に描いた餅のような状況になる。

「政治＝内閣主導」を実現するには

何ともわからないのは、「政治主導」の行政運営をかかげる内閣が、なぜこうした法案を提出しようとしているのかだ。人事争いを激化させながら、初代からキャリア組官僚が事務次官を占めていたのでは、政治＝内閣主導の行政などおぼつかない。第二次大戦後の最初の国家公務員法では、事務次官を特別職（政治的任命職）とするとしていたのだが、すぐに一般職（職業公務員による職）とされてしまった。政治＝内閣主導の行政というのならば、局長級以上の約百二十ほどの職を政治的任命職に改めることを、公務員制度改革の基本におくべきだろう。

これらのすべてに政治家が就く必要はない。民間人や職業公務員のなかから登用してもよい。いずれにしても人事を通じて政権の意思が行政に伝わる仕組みをつくることだ。政治家をこうした職に就ければ悪さをするにきまっているとの意見もある。だが、そもそも政治家が官僚機構の背後に隠れているから、政治の腐敗が生まれる。公職に就いて賄賂をもらえば収賄罪である。またそんな人物を公職に就けた内閣と政権党は、選挙で退場させればよい。

キャリア・ノンキャリアの選別というが、局長級以上を政治任用すれば、その必要はなくなる。二〇〇二年四月に各省に採用された国家公務員Ⅱ種試験合格組のほぼ一〇〇パーセントが大卒である。明治以来の慣行をいつまでも残しているのではなく、政治＝内閣の意思を踏まえて、スキルで生きる職業公務員団をつくることがもとめられているのではないか。

（同、二〇〇二年九月号）

住基ネットで浮かぶ政治の無責任

「牛は九桁、人は十一桁」というユーモラスなスローガンをかかげた住民基本台帳ネットワークへの反対運動も、国はもとより自治体の為政者の大半には効果がなかったようだ。

二〇〇二年八月五日からネットワークは稼動した。すでに十一桁の個人番号が自治体の役所から送られている。透かすと番号が見えるといった苦情も出ているが、まさか郵便を配達する人がいちいちメモをとることもなかろう。市役所などにある番号台帳が漏洩したり、システムにハッカーやクラッカーが入りこむことのほうが危惧される。もっといえば、防衛庁の事件にみるように、行政機関が個人情報を収集・加工することだってありうるだろう。だからこそ、行政機関個人情報保護法が必要とされているである。

官房長官答弁のおかしさ

ところで、住民基本台帳ネットワークシステムに今後起こるかもしれない問題もさることながら、反対運動が巻き起こるなかでの福田官房長官や片山総務相の国会答弁は、政治の責任の溶解をあらわしていないだろうか。見方を変えると、戦後約六十年、この国の政治は何も変わっていないとさえいいたくなってくる。

住民基本台帳法附則第一条二項は、「この法律の施行に当たっては、政府は、個人情報の保護に万全を期するため、速やかに所要の措置を講ずるものとする」と規定している。一九九九年の通常国会でネットワークシステムの導入を定めた住民基本台帳法の改正が行われたとき、個人情報保護法の制定の声に押されてもうけられた附則である。しかし、福田官房長官は、二〇〇二年五月二九日の衆院内閣委員会で「政府は、立法機関ではなく、自ら法律を制定することはできないものであるため、『所要の措置』とは、法律案の検討、作成、国会への提出を意味し、政府としては、平成一三年三月に個人情報保護法案を国会に提出したことにより、『所要の措置』を講じたことになるものである」と述べた。

福田官房長官の発言は、もちろん内閣法制局の見解であるし、総務相も同様の趣旨の発言を繰り返し、住民基本台帳ネットワークにつなげないことは法律違反だと、福島県矢祭町や東京都国分寺市、杉並区などをけん制してきた。だが、「政府は」法案を作り国会に提出した、怠慢なのは国会であって「政府は」責任をはたしているのだから「合法」であり、法律を施行できるという論理は、はたして妥当だろうか。

この論理がまかり通るならば、政治の世界だけでなく、社会全般で責任の所在が拡散してしまうだろう。たとえば、「政府は（加盟する）国際機関に提案し責任をはたした、後は国際機関の問題」、

「市長は議会に条例案をだした、市長の責任ははたした」からはじまって、「取締役会は株主総会に議案を提出した……」となってくる。市長や取締役会のところには、知事、理事会、役員会などを置き換えることもできよう。執行責任はかぎりなく霧散していってしまう。

内閣がこの附則を作成し国会に提出したとき、個人情報保護法案が国会で成立しない状況を想定していたとは思えない。だが、附則の条文のミソは、「国は」ではなく「政府は」の三文字にある。ここには日本独特の思考がにじんでいる。「政府」とは、立法、司法、行政＝内閣にわたる国民が信託した統治機構の全体を意味するのだが、この国では政府＝内閣といった解釈がまかり通ってきた。そして、ある時には、政府はオールマイティであるかのように振る舞い、ある時には今回のように自らの責任を他の機関に転嫁してきたのである。

明治の初期、だいたい十年代まで、いわゆる三権は立法、司法、「行法」と公的文書に記されていた。もともと外来語だから、西欧民主主義思想に学んだ明治政府の役人の翻訳は、それなりに正当だろう。ところが、明治二十年代ともなると「行法」は「行政」とされるようになる。政（まつりごと）も中国からの外来語であるが、こちらはいわゆる三権のすべてをふくむ。明治二十年代に基礎の固まった天皇を頂点とする官治集権体制に即するならば、「行法」から「行政」への書き換えは、体制を象徴していよう。そして、「政府」（まつりごとの館）なる言葉も、内閣を意味しつつ一般化していった。そこでは帝国議会とりわけ衆議院は「政府」の協賛機関とされてしまった。

政権の言葉や行動の吟味を

こう考えてくると、いつまでも「政府」の使い方に疑問が示されことがおかしいのだが、福田官房長官や片山総務相らの「ご都合主義的」法解釈には、戦前期の体制が見え隠れしているといってもよいだろう。国会もなめられたもので、個人情報保護法案に「協賛しないお前たちが悪い」といわれているようなものだ。国会は修正案を出すか、内閣に修正をもとめるべきなのだが、「所要の措置」を講じたとの言説に、沈黙したままだった。

一月から延々七月末日まで開かれた通常国会だが、「早く閉めてしまえ」という声が政権党内からあがるほど、成果のないダラダラ国会だった。与野党を超えた政治家や官僚のスキャンダルが相次いだからではあるまい。政権の言葉や行動をひとつひとつ吟味する精神的態度が、与野党を超えて失われているからではないか。

憲法の見なおし、教育基本法の見なおし、有事法制と言葉ばかり勇ましいが、見直すべき原点は、民主政治のもとでの政治の責任と役割認識だ。住民基本台帳法附則の内閣見解と国会の対応は、あらためて、それを教えているのではないだろうか。

（同、二〇〇二年十月号）

原発の「安全」から見える官僚・企業エリートの実態

八月下旬、郡山市で開かれた自治体学会の会場で、ある地元の参加者が筆者に、原子力発電所に依存した「地域の発展」などフィクションなのだが、ここまでドップリ漬かってしまうと、町の幹部もなかなか耳を傾けてくれない、国はあれだけの交付金があるのなら、もっと安全なエネルギーの開発に向けたらと思うのだが、と話しかけてきた。

「まちづくり」と交付金

彼がとりあげたのは、いわゆる電源三法（電源開発促進税法、電源開発促進対策特別会計法、発電用施設周辺地域整備法）による電源立地自治体とその周辺自治体への交付金のことだ。電源三法交付金は、法的にはすべての電源施設を対象としているが、原発立地の促進を目的として一九七四年に創設された。原発の発電量は巨大だから立地地域の自治体には、それだけ巨額の交付金が支出されている。だが、この交付金は基本的にハコモノの建設にしか充当できない。

原発銀座といわれる福島県双葉町や富岡町などを歩いてみればすぐにわかることだが、大規模な体育館、マリンハウス、図書館、野球スタジアムなどが目に飛び込んでくる。プルサーマル計画をめぐる住民投票でゆれた新潟県刈羽村や柏崎市でも同じだ。刈羽村には総事業費六二億円の生涯学習センターが建設されており、柏崎市にも実に豪華な図書館がつくられている。スポーツ施設や文化施設があって悪いといっているのではない。しかし、およそ「身の丈」というものがあるはずである。湯水のごとく注ぎ込まれた電源三法交付金で瀟洒だが使い勝手の悪い大規模施設はできた。だが、交付金は施設の管理費には充てられない。それぞれの自治体は、一般会計から経常的な管理経費を支出せねばならず、大きな財政上のプレッシャーとなっている。交付金で地域に「根付いた」産業は、孫受け・ひ孫受けをねらった土建業ばかりといってよい。

こうした地域づくりに批判的な住民はもちろん多い。だが、地域の原発推進派はなにかといえば、電源三法交付金による「まちづくり」を訴えてきた。しかし、それは地域の推進派政治・行政リーダーの責任とばかりはいえない。電源三法交付金の創設以来、通産省（現経済産業省）資源エネルギー庁と電力会社は、立地計画地域を足繁く訪れ「豊かな財政」こそが生活を安定させるとアピールしてきた。

九六年に実施された新潟県巻町の原発立地の是非をめぐる住民投票のさいに、資源エネルギー庁や東北電力が送り込んだ「宣伝部隊」の活動には、「バブル経済」時の地上げ屋のような姿すら感じた。こういったら、さぞエリート官僚や社員は憤慨することだろう。しかし、日本の原子力行政の「本質」をみる思いに駆られたのは、おそらく筆者だけではないはずである。

根深い電力会社と行政の関係

折しも、東京電力による原発の損傷隠しが連日のように報じられている。次々と損傷の隠蔽工作や検査記録の改ざんなどが明らかになっているから、問題の根はきわめて深いようだ。経産省原子力安全・保安院は、「悪質」「政令違反」といった事実を公表し、東電の行為を社会に告発している。

だが、ちょっと待って欲しいといいたくなってくる。原子力安全・保安院は「白馬の王子さま」なのか。はたまた東電にだまされた「犠牲者」なのか。そのどちらでもないだろう。原子力安全・保安院は二〇〇一年一月の中央省庁改革によって設けられた経産省の外局だが、前身の通産省資源エネルギー庁は、二年前に東電の損傷隠しについての内部告発文書をうけとっていた。それが事実かどうか、まず東電に問い合わせたとのことだが、ここに両者の関係が端的に表されていよう。経産省と電力会社は、国策とされた原発の立地促進を一体となってすすめてきたのであり、そのあいだに緊張関係などつくられてこなかったといってよい。

巨大先端技術である原発には、在野の物理学者や原子力工学の研究者から危うさが提起されてきた。市民もまた「不完全な技術」に言い知れぬ不安を抱いている。しかし、経産省や推進派の技術者たちは、それらを価値観の違う研究者の意見、「素人の感情」として退け、「安全」をひたすら強調してきた。損傷隠しが明らかになった現在ですら「運転に大きな支障はない」と語っている。そして、しょせん素人に技術問題はわからないといわんばかりに、電源三法交付金で立地の合意をえようとしてきた。

まさにエリート官僚や電力会社は、立地周辺地域の住民をカネで片付く「愚かな民」程度にしかみてこなかったのではないか。しかし、悲惨なＪＣＯの事故は一事業所の問題、チェルノブイリは旧ソ連の技術水準の低さがもたらした事故と、本当にいえるのだろうか。

原発の推進派はエネルギー安全保障を繰り返し強調してきた。だが、生活の安全保障は省みられたことがないといってよい。資源が枯渇するから原発が必要とされるが、長いスパンでみれば化石燃料もウランもいずれは枯渇しよう。だが、ここ当面でいうならば石油はだぶついており、天然ガスの「枯渇」問題もない。風力や太陽光といった「資源」もある。そして電力需要自体が産業構造の変化のなかで落ち込んでいる。

原発の「安全」を強調する経産省は、厚生官僚がＨＩＶ薬害事件で不作為による行政・刑事責任を問われたことを想起すべきだ。事故が起きれば、被害は国内にとどまらず国際社会におよぶ。経産省のみならず政治は、ドイツが二〇二〇年までに原発の廃止を決めたように、生活の安全保障を機軸とした安全でソフトなエネルギー政策への転換に踏みだすときではないか。（同、二〇〇二年十一月号）

小泉流の「構造改革」では官僚機構はビクともしない

小泉政権が発足以来かかげている「構造改革なくして成長なし」も、すっかり色あせてしまっている。巨額の不良債権をかかえる金融機関へのスタンスが、政権内部さらには政権と日銀のあいだで意思の一致をみないような状況では、金融システムの「構造改革」はおぼつかない。日本道路公団などの道路関係四公団の民営化問題にしても、債務処理のために公金の投入論が勢いを増しており、ドロ沼のような財政・政府金融の「構造改革」は、掛け声倒れに終わりそうである。

内容不明確な「構造改革」

もともと「構造改革」といっても、何を、どのように改革するのか、理念も方法も明確にされてきたわけではない。しかし、それは現状打破を願う市民を引きつけ、政権の唯一といってもよい浮揚力だった。だから、「構造改革」への夢が破られていけば、政権にとって致命傷とならざるをえない。それを認識してのことだろうが、政治的言語としての「構造改革」の再生手段として登場したのが、「構造改革特区」である。

内閣の「構造改革特区」推進本部は、自治体などから募った規制緩和策をもとにして、二〇〇二年十月十二日に八十種類、九三項目の推進プログラムを決めた。政府はいま開かれている臨時国会で構造改革特区推進法案を成立させ、来年度から実施に移すとしている。

特定の自治体・地域を指定して実験的プログラムを施行し、やがては全国的プログラムにしようとする発想自体を否定することもない。しかし、今回の推進プログラムをみると、狭い小さな特区に限定して実験せねばならないようなものなのか、あるいは「奇をてらっている」としか思いようのないものが目につく。

たとえば、経済改革特区に限定して、外国人研究者の在留期間を三年から五年に延長し、永住に必要な資格要件も緩和するという。いったい、いつまでウチにのみ目をむけた発展途上国のつもりでいるのだろうか。アメリカのＩＴ産業や研究開発に陰りが生まれているのも事実だが、それを支えてきたのはインドをはじめとした外国人研究者やその卵たちである。多様な分野で先端技術立国をめざすというならば、入管法制そのものを大幅に緩和し、日本人・外国人研究者を問わず研究条件や処遇の改善を図るべきだろう。まさに外からの「知」を積極的に迎え入れ、新しい経済・産業構造の基礎をつくることが、「構造改革」として追求されねばなるまい。

何のための英語教育？

「奇をてらったもの」の典型は、中学校で国語以外の授業を英語で行うための学習指導要領の見直しだ。いったい、これでなにを実現しようというのか。英語の読む・書く・話す能力を高めるばかりか、英語圏の人々の発想法を身につけた「国際人」の養成といった説明が返ってくることだろう。だが、それだけの授業を担いうる人材がどこにいるのかという問題もさることながら、「国際人」養成の基本は、深く地域に根差し広く国際的にものを考えるところにある。筆者は「新しい歴史教科書」を提唱する学者や文化人のような「民族派」ではないが、日本語の読解力をきちんと身につけ、政治経済・歴史文化のみならず理系科目を学ぶ生徒を育てるべきである。英語でのプレゼンテーションは、ある意味で技術であり、日本語での思考や論理能力のないところで技術を磨いても、中身のあるプレゼンテーションなどできようはずもない。

文部科学省は、学習指導要領は法的拘束力をもつといってきた。教育の規制緩和を実現しようというならば、学習指導要領自体を真の意味でのガイドラインに変え、地域の教育力の向上をはかるべきなのである。英語による授業といった「突拍子もない」緩和の一方で、日の丸・君が代の掲揚・斉唱を学校現場に義務づけることのおかしさに、文科官僚は気づかないのだろうか。

巧みな既得権擁護

このように、総合デフレ対策の一環として構造改革特区を設け、実験的プログラムを推進するとはいうものの、「構造改革」なるものが、ますます小さなものにみえてくる。なぜそうなってしまうのか、答えはある意味で簡単であろう。「構造改革」あるいはそのための「構造改革特区」の設定といっても、その具体的中身の立案を官僚機構にまかせっきりにしているからである。一万一千件を超える許認可権限をにぎっている官僚機構は、組織の生理からして、決してその影響力の衰退をもたらすような大きな改革に向けて舵をきることはない。特例を認めるような行動に出ようとも、実際にはその特例をさまざまな基準で縛っていく。この巧みさに政治は気づいていないのではないか。

昨今の典型は厚生労働省だ。公的介護保険によって高齢者ケアに民間参入を可能としたという。だが実施にあたって三百件からの省令を改正し、その順守をもとめ行政の統制下においた。今回の構造改革特区の推進プログラムにも、特別養護老人ホームへの株式会社参入があるが、これまた参入条件を政省令で縛ることは目にみえている。しかも狭い地域での特例でしかないから、官僚組織本体はビクともしない。

政治がほんとうに「構造改革特区」の精神で日本の再生を図るというならば、特定の市町村に限定した話題づくりをするのではなく、広域的地域を対象とした一国多制度ともいうべき大胆な経済・社会規制の緩和を図り、地域の創造力を引きだすことである。「構造改革」の最大のターゲットは、官僚機構の自律性にピリオドを打つことだ。

（同、二〇〇二年十二月号）

「歩きたばこ禁止条例」から真の国民保護を再び考える

千代田区の歩きたばこ禁止条例が話題をよんでいる。ポイ捨て禁止をさだめた条例は、すでに各地で制定されているが、千代田区条例は地域をさだめてポイ捨てばかりか歩行中の喫煙も禁止した。そして実際に罰金を徴収しだしたため、新聞、テレビなどのマスコミが大きく取り上げることになった。罰金を科されて照れくさそうではあるが従順に応じた者もいれば、条例を知らなかったと言い張る者など、テレビニュースをみていると三文オペラ並みの情景に吹きだしたくなってくる。

喫煙への批判が強まる一方の状況を反映してか、この条例についての評価はかなり高いようだ。これによってマナーも環境も向上するかもしれない。とはいえ、はたしてこのレベルだけで評価してよいのだろうか。

同様の条例をさだめている自治体は、罰則規定を盛り込みつつも実際には徴収してこなかった。一種のマナー・モデルを宣言したようなものだった。行政職員を街頭にだし監視と罰金徴収にあたらせることなど、とてもコストに合わないのが第一の理由だ。当然のことだろう。雇用者負担の社会保険料などを算入すれば、職員一人当たりの人件費は少なくみても七百万円を下らない。このご時世、喫煙も問題だが、公務員の人件費や雇用形態への批判も強い。千代田区の場合、専任の職員に加えて非常勤職員を雇っているが、いずれにしても同じようなものだ。

ある市長が「千代田区の区長は勇気がありますな～」と、少々皮肉を込めて筆者に語っていたが、こうした一面は見失われている。

安上がりなのは通告者制度

それ以上に、これまで多くの自治体が罰金の徴収をためらってきたのは、次々と禁止の対象を拡大し罰金を科すべきとの議論につながりかねないからだ。千代田区長は路上での喫煙は首都東京のマナーや美観を損なうというが、この論理を広げていけば、「路上に寝てはならない」、「ダンボールハウスを作ってはならない」となりかねない。もっとも、ホームレスの人々から罰金を徴収しようにもできないだろうから、このケースでは「区外追放」を権力的にさだめる以外にないだろう。

そしてまた、街頭で監視にあたる職員の人件費問題が大きくなれば、通告者制度さえつくられかねない。行政のコストだけを考えれば、通告者にいくばくかの報奨金を支払ったほうが、はるかに安上がりだ。しかし、そこにはギスギスした社会がやってこざるをえない。

行政が新しい問題状況に対処しようとするのは当然であり、それ自体は否定されるべきではない。だが、その手段があまりにも古典的であるところに思考の貧困さがある。その意味で、千代田区の歩きタバコ禁止条例など「カワユイもの」とさえいえるのが、姿を現わしつつある「国民保護法制」だ。

二〇〇二年の通常国会に提出された有事法制関連三法案は、政権与党の国会運営のまずさも手伝って継続審議となった。ただその際、野党側は「有事というが国民保護法制が欠けている」と指摘し、政権も国民保護法制の制定を約束した。

与党三党の安全保障プロジェクトチームが二〇〇二年十一月に了承した国民保護法制案の骨格は、権力的規制と罰則ばかりの目立つものだ。食品や医薬品をはじめとした緊急物資の保管命令、原子力施設の被害防止措置命令、警戒区域への立ち入り制限に従わなかった者には罰則を科すとなっている。また、消火活動や負傷者搬送、日常の非難訓練への参加を国民にもとめている。さらに都道府県知事には、住民に緊急物資の保管命令や提供要請を発する権限を与えるとともに、土地や家屋などの収容施設の確保を義務づけるばかりか、それら施設の収用・強制使用権限も与えるとしている。

本土決戦より地域の「非武装」を

こうした法案のどこが「国民保護」なのだろうか。この前提になっているのは、あいもかわらずの「本土決戦」である。仮にいずれかの国が日本に武力侵攻を企てたとする。その場合、最初から戦闘部隊を上陸させることなどありえない。五七年前の沖縄戦を振り返ればわかるように大爆撃が展開されるだろう。当時の沖縄とは比べられないほどに現代日本は大規模都市型社会となっており、しかも攻撃手段は精緻化し大規模化している。警戒区域への立ち入り禁止などほとんど何の意味ももたない。

大都市は火の海となり崩壊する。逃げ惑う人々がいたとしても、広島・長崎を思い起こせばこれまた容易に想像がつくように、「国民保護」の司令塔など微塵もなく消え去り、消火活動も負傷者搬送も行いようのない状況が現出する。

本誌二〇〇二年七月号の「ふろんと・らいん」でも述べたことだが、あらためて再論しておきたいのは、ほんとうに「国民保護」をいうならば、一九七七年のジュネーブ条約追加第一議定書「国際的武力紛争の犠牲者の保護に関する追加議定書」に批准し、「無防備地域」「非武装地帯」の宣言を、中央政府のみならず自治体が行える国際的保護法制に加わることなのだ。六十年余も前にさだめた国民総動員体制＝「国民保護」体制が、まったく機能しなかった歴史的現実に思い及ばない思考の貧困さが、如実に表われているという以外にない。

しかも、こうした「国民保護」法制が制定されるならば、町内会や自治会などの伝統的地縁組織を強化し、訓練に名を借りた住民管理が眼にみえている。ボランティアや非営利市民活動（ＮＰＯ）といった折角芽生えた市民自治も圧迫されていこう。規制、禁止、罰則ばかりが強調される時代に向けて舵が切られようとしているかに感じるのは、筆者だけなのだろうか。

（同、二〇〇三年一月号）

「鉄道屋」と「鉄屋」の対立だけでなく「政治屋」と「玄人」に注目

道路関係四公団民営化推進委員会（民営化委員会）の最終報告をめぐる顛末は、最近にない政治活劇だった。日本道路公団をはじめとした四公団の民営化後の組織形態では全員が合意したものの、今後の高速道路建設にどれほどの余力を残すかが対立軸となった。建設慎重派の松田昌士ＪＲ東日本会長と、推進派の新日本製鐵会長である今井敬委員長のあいだでは、「鉄道屋」「鉄屋」の感情むきだしの非難合戦が行われた。

なるほど、鉄道会社にとって高速道路は商売敵である。製鉄会社にとっては、お得意様だ。委員に「セメント屋」がいたらもっと面白かったとは、知り合いのジャーナリストの悪い冗談である。もちろん、今井敬委員長も松田昌士委員も、そんな低俗なレベルで経営破綻に近い道路関係四公団の債務解消問題に臨んだわけではなかろう。功なり名を遂げた紳士たちも、しょせんは生身の人間ということだ。

最終報告の評価はちょっとおくとして、民営化委員会の残した最大の功績は、従来の審議会運営に強烈なインパクトを与えたことだ。中央各省であれ自治体であれ、審議会、調査会、委員会、研究会といったさまざまな名の諮問機関を設けている。委員は一座を組んでいるのではないかと思えるほど、それぞれの設置機関と緊密な関係にある学識者たちによって占められている。彼らが設置機関＝事務局のまとめる報告や答申原案に異論を述べることなどめったにない。

審議会は行政への外部者の参画制度といわれるが、設置機関の「自作自演劇」に手を貸しているすぎないケースも多々みられる。だが、民営化委員会は公開の場で意見を戦わせ、委員の多数派（建設慎重派）は自ら最終報告案を起草した。委員の全員一致による最終報告がとりまとめられなかったことに、委員を選任した小泉首相の責任を問う声が一部にある。とはいえ、それは伝統的な審議会運営を是とするものでしかない。個性ある学識者を集めて公開の場での議論を行うならば、談合のような結論などでるはずがない。小泉首相の「丸投げ政治手法」がたまたま生みだしたヒットであるとしても、審議会運営の改革のモデルが、ここに示されているといってよい。

「素人さん」と「玄人さん」

さて、「鉄道屋」「鉄屋」の感情のほとばしりはともかく、民営化委員会の最終報告の前には「政治屋」がひかえている。江藤隆美・元総務庁長官は、最終報告に対して、「素人さんたちの議論に従う義務はまったくない」といい放った。村岡兼造・高速道路建設推進議員連盟会長も「この混乱にあきれてコメントもできない。相手にする必要もない」と述べた。時代の変化を反映して、ここ二〇年来「我田引鉄」ならぬ「我田引道」が、政治の集票と集金を支えてきたといってよい。政治の世界に一大勢力を築くにいたった道路族議員は、なるほど道路建設の「玄人さん」だろうが、彼らは建設の個所づけの政治術に長け、集票と集金になみなみならぬ嗅覚をそなえた「玄人さん」にほかならない。高速道路建設が四〇兆円を超える長期債務を積み上げ、国の財政のドロ沼化に拍車をかけていることなど、眼中にまったくない。

道路族を利してしまった委員会

とはいえ、民営化委員会は、「政治屋」たちの予想される立ち振る舞いに、十分の備えをしていただろうか。最終報告はたしかに今後の道路建設にきびしい枠をはめた。新会社の採算を超える部分については、その財源を国や自治体が負担する合併方式や自治体の負担を前提とした新しい制度をつくるべきだとした。

しかし、筆者が疑問に思ってきたのは、民営化委員会は道路関係四公団のかかえる約四十兆円の長期債務の返済方法のみを自らの役割とすべきなのではないか、ということである。最終報告は、かつての国鉄民営化の際の債務返済方法とほぼ同一の制度を提起した。このときには国鉄清算事業団に長期債務を棚上げし、新幹線設備については新幹線保有機構の財産として、JR三社にリースするものとされた。そしてJR各社による新線の建設は停止され、新幹線についてはまさに政治の判断にゆだねられた。民営化委員会の最終報告の枠組みは、この国鉄改革の方法を踏襲しているのだが、異なっているのは、条件をつけつつも新道路会社による高速道路建設の余地を残していることだ。

仮に民営化委員会が、計画道路約二千三百キロメートルを建設し完成させるかどうかは、すべて政治の判断であり、建設するならば国税・地方税でまかなうべきとしたならば、政治家たちから「素人さん」の意見など聞く必要もないといった無責任な発言がでてきただろうか。政治は国・地方の七百兆円を超える長期債務をまえにして、それでもなお高速道路建設に高い優先順位をつけることができるのか。なりふりかまわずにそのように主張する政治家がいるならば、それこそ「玄人」の「玄人」たるゆえんを、自ら国民のまえにさらすようなものだ。

実は、税のみで高速道路を建設できないことを一番よく知っているのは、政治家たちである。だからこそ、政府融資の受け皿となり営業収入の可能となる経営組織体というクッションを必要としているのである。

この意味では、民営化委員会の最終報告は、委員の意図ではないにしても、「玄人さん」に塩を送ってしまっている。ドロ沼のような財政状況を考えるならば、建設途中の橋げたが巨大な墓標として残ろうとも、高速道路建設にピリオドを打つ時代なのである。社会的規模で思考の転換がもとめられている。

（同、二〇〇三年二月号）

学力低下問題の真の解決方法は

かつて勤務していた大学で日本史の入試出題委員長をしたことがある。各学部から選ばれた出題委員が夏休み明けまでにそれぞれ複数の問題をつくってきて合評会にかけ、実際の出題問題をきめることになっていた。ある委員の問題は、「慶長○年に金の割合が○割の小判がつくられ……天宝○年の改鋳では金の割合は○割となった……」といった文章の○部分を埋めろというものだった。テレビのクイズ番組でもあるまいにと思った筆者は、「この○を全部埋めたうえで、金含有率の低下の意味を問う問題に変えていただきたい」と注文をつけた。だが、出題委員氏は教科書に載っているとして頑としてききいれてくれず、仕方なく出題委員長として「採択しない」ときめざるをえなかった。

翌年四月、ひさしぶりに一年生の基礎ゼミを担当した。自己紹介や授業計画の話しのあとで、「ところで君たち、小判の金の含有率をさげるというのはどういう意味だろうか」とたずねてみた。残念ながら二十人弱の学生のうち正解はゼロだった。「ぼくたち経済学部の学生ではないですから」とのたまった者までいたが、なんとも情けなかった。大学がクイズのような問題をだすからなのか、高校までの教育が思考力を重視しいないためなのか、多分その相乗効果によってますます学力低下を推し進めていると思ったものだ。

断片的知識の詰め込み

二〇〇二年一二月、文部科学省による小中学生を対象とした学力テストの結果が公表された。小学五年から中学三年の約四五万人を対象としたテストでは、九三〜九五年度の前回とくらべて、算数・数学、社会で正答率の低下が際立ったという。マスメディアはいずれも「学力低下」として大きく報道した。たまたまみたNHKのテレビニュースは、学力テストの問題を紹介していたが、社会科のテストのなかに「天は人の上に人をつくらず、人の下に人をつくらず」とはだれの言葉か、次の四人から選べというのがあった。そしてキャスターは、前回も同じ問題がでているが正答率が大きく低下したと述べていた。このニュースをみていて日本史の入試問題の一件を思い出したのは、いうまでもない。

文部科学省は、子どもたちに基礎基本を教えよと強調するが、こんな問題をだしつづけるかぎり、基礎基本や思考力がつくはずもないだろう。学校現場がこうしたテストの結果がよいことを学力の向上と考えるならば、過去の問題を子どもたちに繰り返し示し、「福沢諭吉」を覚えこませればよい。しかし、それでは学ぶことのおもしろさなど実感されようがないし、諭吉の名も記憶に残らない。諭吉がどのような時代状況のなかで何を意図して述べたのか。それは政治や社会にどのように受け取られていったのか。こうしたことをわかりやすく教えねばならないはずである。しかし、そうした学習はほとんど行われていないようだ。実際、大学生に『市民政府論』や『社会契約論』などの著者をきいてみると、それなりに正答率は高い。だが、「読んだことはあるか」「何が書かれているのか」と問えば、「ありません」「知りません」が大半である。さきの諭吉の言葉と同様に断片的なことばかりが、つめ込まれてきた結果なのだろう。

「おもしろい勉強」

学力テストと同時に実施された学習意欲のアンケートでは、「勉強は大切だ」という子どもが多い一方で、「勉強はつまらない」と答える子どもが増えている。これもまた頷ける話しである。遠山敦子文科相は、朝日新聞のインタビュー（二〇〇三年一月十二日付け朝刊）で、「学びのすすめ」をあらためて強調していたが、学力向上のために補習や家庭での宿題、習熟度別の教育などを学校現場にもとめてみても、断片的知識を押し付けるかぎり「勉強がおもしろい」と思う子どもたちは増えないし、学力の向上には結びつかないだろう。

学力低下問題の根は実に深いようにみえる。だが、解決の基本は補習の実施といった小手先の改革ではなく、「おもしろい勉強」を実現できる条件を整えることだ。少なくともふたつのことが、真剣に議論されるべきだろう。

ひとつは、教育現場の先生たちに自由度を回復することである。「管理教育」がいわれて久しいが、それは児童・生徒にたいする管理の強化だけでなく、先生たちへの管理が徹底していることを意味している。野田正彰氏の『させられる教育――思考途絶する教師たち――』（岩波書店、二〇〇二年）は、実に丹念に学校現場における教師管理の実態をあきらかにしている。先生たちをフォーマットによって点数化し評価することが日常となっており、授業観察表をポケットに忍ばせて教育委員会の指導主事や校長などが校舎内を徘徊しているかぎり、現場の教師たちはまさにフォーマット化された授業計画を忠実にこなすマシーンとならざるをえない。おもしろい創意あふれる教育など、できない仕組みになっている。教育行政のプロを認ずる文部科学省初等中等教育局から教育委員会指導主事そして学校長にいたる、タテの管理関係を絶ち切らねばならないだろう。

もうひとつは、小中学校から高校そして大学にいたる机上の知識重視の単線型教育体系にピリオドを打つことだろう。ものつくり大学の設置をめぐるスキャンダルが政治をにぎわせたが、ものつくり大学なる発想は高く評価されるべきだ。それは大学レベルだけではなく中学・高校レベルにおいても、伝統的技能や芸術・文化の担い手をはじめ各種の職業人の養成スクールとして、多様に制度化されるべきではないか。大学進学一辺倒のシステムを絶ち切らないかぎり、勉強のおもしろさは実感されないだろうし、「学校はでたけれど……」といった若者の悩みがつづいていってしまう。

（同、二〇〇三年三月号）

タマちゃんの住民票が考えさせる「政治の死滅」と「民主主義」

どこをどのように辿ってきたのかわからないが、アゴヒゲアザラシの「タマちゃん」の愛嬌あるすがたに、マスコミあげてフィーバーしたのは、二〇〇二年の夏のことだった。経済不況と失業、世界的な規模でのテロの脅威といった「暗い」ニュースのつづくなかで、一服の清涼剤であった。「タマちゃん」は名前の由来である多摩川から離れて、最近は横浜市の帷子川に定住しだしたようだ。

横浜市西区は、「タマちゃん」に区のPR役をかってもらおうと考えたのだろう。幼稚園児が代理人となって西区役所に「タマちゃん」の転入届をだし、区長が特製住民票を交付することになった。生年月日欄は「推定二歳」、本籍欄は「ベーリング海」、性別欄は「オス」、そして名前は「ニシタマオ」と表記するとのことである。これまた、このアイディアが公表された二〇〇三年二月七日以来、マスコミの大きくとりあげるところとなった。西区役所も横浜市役所も、「グッドアイディア」と胸をはったことだろう。

在日外国人の憤慨

とはいえ、このアイディアは「ご愛嬌」で片付かない波紋を投げかけているようだ。住民票交付のニュースのあと、大学の研究室に在日外国人からメールがはいっていた。「帷子川で泳いで私たちにも住民票をくださいというつもり」とのジョークまで添えられていたが、要するに趣旨は次のようなことだった。昨今日本に来たどころか日本で生まれ三世、四世になる在日外国人は多数いる。税金も納付している。こうした在日外国人に国籍がないことを理由として、住民票を交付しないのは不合理そのものである。「(横浜市の)住民がアザラシを『住民』と思う気持ちがあるならば、どうぞ住民票をあたえてください。ただし、住民登録できない人間の住民にも与えましょう」。このメールによれば、在日外国人のあいだのメーリングリストで横浜市西区批判がかわされており、西区役所にも抗議がいっているようだ。

おそらく、メール氏も横浜市の決定が一種の「お遊び」であるのはわかっていよう。ただし、「お遊び」であるにしても、その「無神経さ」に憤慨しているのだ。在日外国人のこうした感情は、マスコミで大きくとりあげられることはないかもしれない。しかし、心にぐさっと刺さるものがある考えさせられる批判だ。横浜市だけでなく多くの自治体は、一九八〇年代から「内なる国際化」をかかげ、外国人住民との共生をまちづくりの重要な柱とするとしてきた。市役所などの窓口表示に英語、中国語、ハングルなど複数の言語が並記されるようになった。外国語による『暮らしの便利帖』といった行政のガイドブックをだすところもふえた。また川崎市のように外国人住民会議をもうけ、まちづくりに外国人住民の意見を反映させようと試みたところもある。

しかし、自治体の意思決定にかかわる一般職職員採用試験の門戸は、外国人住民に遅々としてひらかれていない。また、一時期、成立するかに思われた外国人住民への地方選挙での投票権付与も、すっかり沙汰止みとなっている。在日外国人住民に外国人登録が義務づけられているのは周知のところだが、日本人と結婚した在日外国人の住民票上のあつかいは、「備考」欄に氏名が記載されるにすぎない。

こうした情況の背景にあるのは、「国籍が前提なのは当然の法理」という官庁法学＝内閣法制局の見解だ。「当然の法理」が、つねに概念の厳密さを問題視する解釈法学に適合しているとは、とうてい思えない。だがそれは、水戸黄門の「葵の印籠」よろしく神通力を発揮してきた。住民としての公証にあたって国籍を必須の要件とすることに、どれほどの合理性があるだろうか。一定の居住期間などの要件を法律でさだめればすむことだし、それが世界の趨勢である。

いまこそ草の根の外交を

横浜市の決定は「タマちゃん」に目をとられ「思慮」を欠いた結果かもしれない。しかし、外国人住民との共生の仕組みづくりが、いまこそ草の根から議論されるべきときもない。二〇〇二年秋に北朝鮮（朝鮮民主主義人民共和国）による拉致被害者が帰国して以降、一部の政治家とマスコミにめだっているのは、「国家」「国益」「国民」といった言葉のオンパレードである。「国家は国民を護るべきだ」「犯罪国家との国交回復は国益に反する」「国賊栄えて国滅ぶ」といった言動が、大手をふって歩いている。北朝鮮との国交回復交渉などもってのほかといった情況である。こうした言動が「正論」とされ、それらに果敢に立ち向かう政治がつくられないとき、そこには「政治の死滅」が待っているといってよい。東アジアの平和的安定に向けてリーダーシップを発揮することが日本の責任なのであって、そのためには日本「国家」の正当性を主張しているだけではなく、「ふれたくない過去」についての自省の弁を、東アジア諸国に向けて発信せねばならないはずである。

「国家」「国益」の強調は、東アジアの平和につながらないだけではない。こうした言動が強まると き、国内社会での「内なる国際化」も立ち止まってしまう。日本社会は言語や宗教、文化を異にする多数の民族から構成されている。彼らが日本社会においてマイノリティであるのは事実だが、その尊厳と住民として生きる権利を認めないところに、民主主義はない。

四月には統一地方選挙が予定されている。知事選や市長選の立候補予定者は、「〇〇から日本を変える」をかかげて活動している。それは選挙スローガンであってはなるまい。立候補者と選挙民の双方に、地域社会での外国人住民との共生の仕組みづくりと、地域と地域、民と民のあいだを結ぶ自治体外交の展開が問われていよう。

（同、二〇〇三年四月号）

Ⅲ

地方分権への方途

展開「地方分権」

自治・分権システムを軸とする大都市圏政府体系

【デッサンのための視座】

二〇〇〇年四月の地方分権一括法の施行以来、弱小町村を中心とした市町村合併が、自治体政治の一大争点となっている。一般的にいえば、地方分権体制に応えられる基礎自治体が必要との議論で正当化されているものの、事情はそればかりではない。地方交付税特別会計の四三兆円にものぼる赤字解消のために、「金食い虫」的弱小町村の「駆除」こそ、政府サイドが市町村合併を強調する背景をなしていよう。

ところで、市町村合併による基礎自治体の再編成の一方において、大都市圏内の自治体のあり方についての議論は、きわめて低調である。過疎化する地域での自治行政システムのあり方が重要課題であるのは間違いない。しかし、東京・大阪をはじめとした大都市圏の自治体制度が、依然として近代化途上に制度化された東京都制や政令指定都市制度を中核とするものであってよいのだろうか。

地方分権改革を充実させるためには、官治から自治へと制度設計軸を転換させることが問われる。この意味で、政令指定都市制度や大都市圏内の府県をも含めて、大都市圏における自治システムの改革が追求されていかねばなるまい。大都市圏内の自治体も農山村部の自治体も、きわめて画一的制度論のうえで自治を構想する時代は終わったのではないか。本稿では、既存の大都市制度の限界と新たな自治システムについて考えていってみたい。

1　旧世代の大都市制度としての政令指定都市

政令指定都市制度の「魅力」は、大都市圏の自治体には依然として弱まっていないようである。浦和・大宮・与野市の合併によって二〇〇一年五月に生まれたさいたま市は、埼玉県第一号の政令指定都市をめざしたものである。さいたま市が近く政令指定都市に「昇格」するのは間違いないが、隣接する上尾市住民の一部が試みた、さいたま市との合併をもとめる住民投票（二〇〇一年七月）にみるように、周辺地域の住民にも政令指定都市の市民となることへの期待は根強い。

とはいえ、この「期待」の本質が何かとなれば、一種のステータス・シンボル程度の意味しか、いまやないのではないか。戦前期以来の「特別市」構想が、戦後の地方自治法に一旦は制度化されながらも、府県と旧五大市との対立によって実現をみずに終わった。現行政令指定制度は、まさに両者の妥協の産物として一九五六年に制度化されたものである。

制度論としてみたとき、機関委任事務体制が地方制度の根幹に位置していた時代には、政令指定都市制度に限定的ながらメリットがあったことも事実だろう。政令指定都市の権限、正確には政令指定都市の市長の権限とされたものは、知事への機関委任事務であった。その意味で市長は、すべてについてではないものの知事と同一の土俵に立てたのである。とはいえ、彼は中央各省の政令指定都市における下級機関であった。つまりは知事と政令指定都市の市長は、中央各省の下級機関として同列であったにすぎない。また、市立保健所や児童相談所も設置されたが、それら組織の事務の大半は機関委任事務であった。なるほど、機関委任事務の実際の執行は、中央各省の意思に機械的に連動したわけではないから、府県の統制から外れることによって、市民の意思にそれなりに応えることは可能であった。しかし、それも一定の限界のもとにである。

ところで、二〇〇〇年四月の第一次地方分権改革によって機関委任事務制度は全廃された。法制度的に中央各省と自治体、府県と市町村は対等の関係へと変化した。もちろん、市町村と府県の関係は、権限面では対等ではない。都市的状況と行財政能力を基準として、第二種、第三種の政令市ともいうべき中核市、特例市制度が作られ、それら以外の市町村と区分されている。しかし、政令指定都市についていうかぎり、府県の関与から外れるメリットは、制度としての意味を基本的になくしたのである。

一方において、政令指定都市のメリットとされてきたのは、都市地理学的に大都市であることを理由とした行政区の設置であった。地方自治法とその施行令は、市長の権限に属す事務を分掌させるために、条例でもって市域をわけて行政区を設置し住民の利便性を高めること、事務吏員としての区長、助役、収入役をおくこと、行政区を市議選挙の選挙区とすること、区に選挙管理委員会をおくことなどが定めてきた。だが、区の規模や事務内容については特段の定めを加えていない。この結果、政令指定都市の区の規模や事務内容については、都市間でかなりの差異がみられる。

とはいえ、この行政区の設置は、政令指定都市の後背地域に農村的色彩が濃く、都市地理学的に名実ともに大都市であった時代の産物である。当時は大都市市民としての一体性を前提として、行政の利便性を向上させる制度として機能した。しかし、今日、政令指定都市は都市地理学的に周辺部から明確に区分される大都市ではない。また、市民の指向性も、大都市市民としてのアイデンティティの強化よりはむしろ、生活を現に営むより限定された地域のまちづくりへと向かっている。とくに、政令指定都市内の周辺区には、ベッドタウンとしての開発が一九八〇年代以降急速に進行した。横浜市、川崎市、千葉市に典型をみるように、これら都市の周辺区住民の多くは、東京都市圏内の業務核地域への通勤者である。こうして市民は、ますます政令指定都市全体の将来方向よりはむしろ、居住地域の将来方向を考えるようになっている。

こうした状況に対応して、横浜市や川崎市は、区長の裁量によって使途を決定できる「まちづくり交付金制度」をもうけ、その歳出規模を拡大してきた。当然のことながら、区長は使途決定にあたって区民参加を打ちだし、具体的名称は多様だがまちづくり協議会をもうけてきた。しかし、まちづくり交付金を増額すればするほど、地域の自治との矛盾を深めているのが実態である。なぜならば、区長は職員であり政治的正当性をもっていない。協議会の委員任命もまた区長の裁量であるとき、まちづくり交付金の使途計画自体に地域住民の批判が強まることになる。のちにもまたふれるが、この事態は一九七五年改革に先立つ東京二三特別区、とりわけ中野、世田谷、杉並、練馬といった周辺区の事態にきわめてよく似ている。二周・三周遅れであれ政令指定都市もこの現実を直視せねばなるまい。

こうして、機関委任事務制度が全廃され府県と法制度的に一段と対等の関係に立ったばかりか、住民の自治に関する認識が居住地域のまちづくりへと向かっている今日、明らかに大都市制度としての政令指定都市制度は役割を終えたというべきだろう。筆者はかねてから政令指定都市制度の「終焉」を論じてきたが（たとえば「大都市圏行政と地方自治」『都市問題研究』三三巻四号、一九八一年）、地方分権改革のもとで改めて、政令指定都市制度の改革が現実的課題となったといってよい。

2 ワンセット主義の終焉

二〇〇〇年四月の地方分権改革によって中央各省と自治体は、法制度的に対等の関係となった。だが、この改革は経済的かつ財政的に順調な発展が見こまれる時代に実施されたのではない。それどころか、きわめて長期にわたって経済的不況と財政危機が進行すると考えておくべきだ。それだけに従来の都市行政制度や政策・事業管理のあり方が問われているのである。しかし、制度やシステムの根幹への自省は高まっていない。

政令指定都市に限ったことではないが、これまでの都市行政の基本とされてきたのは、一種のワンセット主義である。つまり、自治体は総合的かつ一般的な地域の政府であるべきことが望ましいとされ、公証事務から各種のサービス供給や規制行政をトップマネジメントのもとに統合することを制度原理としてきた。この考え方は、地域の政治的争点とされている市町村合併にも投影されている。社会経済的に弱小となった市町村では総合的行政を展開する能力に欠けるゆえに、合併による大規模化が必要と推進論は強調する。他方の批判論ないし消極論は、大規模化が住民のニーズに細かく応えられない、あるいは政治行政参加の後退につながると主張するが、ワンセット主義から抜けだすものではない。ワンセット主義の行政の実施範囲を拡張するか現状維持するかの違いにすぎない。

ともあれ、都市行政におけるワンセット主義は、歴史的に大都市ほど強力に指向されてきたといってよい。まさにそれは、先にも述べたように機関委任事務制度に代表される集権体制の所産であって、中央各省の出先機関である府県からの「解放」指向に支えられてきた。しかし、機関委任事務制度の全廃された今日においても、ワンセット主義は依然として衰えをみせていない。それどころか、一部に東京都制に類似した制度を探ろうとする動きが、大都市・府県の双方から生じている。

その基底に今日の深刻な財政危機があることは明らかである。政令指定都市の側は、府県からの「相対的独立」のもとで都市施設の整備事業を展開してきた。しかし、政令指定都市をかかえる府県が、政令指定都市の存する地域において事業を控えてきたわけではない。こうした地域には一九八〇年代以降、政令指定都市と府県による二重行政が顕著となっている。たとえば、こども医療センターやがんセンターといった府県の専門病院が開設されたが、それらは市立総合病院や市立大学医学部付属病院と競合してきた。県立図書館と市立図書館が道路を挟んで設置されているところすらある。隣接こそしていないにしても、文化行政が強調された一時期、府県は府県庁所在都市（政令指定都市）に大規模な芸術ホールや美術館などを濫設してきた。政令指定都市の側も同様であって独自に類似の施設を建設し競合関係を深めた。つまり、法制度的な集権体制による上下関係が機能しない領域に、とりわけ二重行政が目立つのであり、それは財政危機とともに府県側にも市側にも次第に重荷となった。ここに、両者の統合ないし併合論の生じるゆえんがある。

しかし、だからといって東京都制より直接的には都区制度が、今日の時代状況に叶っているだろうか。一九四三年の東京都制（東京市と東京府の併合）は、敗色濃い状況のもとで総力戦の遂行を目的としたものである。こうした生い立ちはあるものの、戦後日本にそくしていえば、大都市制度のひとつとしての意味をもったろう。二三区の存する地域において区は都の内部的部分団体とされ、都が市としての権能を併せ持ってきた。戦後の地方自治法のもとで一旦は直接公選とされた区長の選任は、一九五二年の地方自治法改正によって廃止された。だが、高度経済成長下の大規模な都市化の進行によって周辺区住民から都による一体的行政への批判が強まり、区長準公選運動が展開された。そして、一九七五年の地方自治法の改正によって区長直接公選制は復活をみた。また、都による区役所幹部職員を中心とした配属職員制度も廃止された。

けれども、約八〇〇万人をかかえる二三特別区の行政は、依然として地域の基礎自治体からは程遠いといわねばならない。都区財政調整制度にもとづき二三区行政の平準化が図られてきたばかりか、固定資産税、都市計画税、特別土地保有税は都税である。二〇〇〇年度から一般廃棄物に関する清掃事業は区に移管されたものの、清掃関係職員の身分は都職員のままである。上下水道、消防は相変わらず都の所管のもとにおかれている。こうした制度は、特別区側に常に横並び指向を生みだしてきた。地方自治法上はそれぞれの区が人事委員会を設置することができるが、共同設置しているばかりか採用試験、管理職への昇任試験を共同で実施している。これでは熱意ある職員などリクルートされようがない。

要するに、東京都制なかんずく都区関係は、大都市圏の広域自治体として東京都が機能する条件を制約している。一方、特別区住民の側からみれば政策・事業に関する優先順位を独自に設定できないシステムなのである。八〇〇万人が暮らす地域の巨大自治体は、近代化途上には一定の意義があったとしても、ポスト近代化時代にはまったく不適合である。

大阪府は大阪都制を、大阪市は地域を拡大した大阪特別市を構想している。しかし、東京都区制度の歴史と現実を直視するとき、府県と政令指定都市が二重行政の解消＝財政の効率化を「名分」として統合を構想し、東京都制と同じ轍をこの時代に歩むこともなかろう。

もはや大都市をもって大都市圏ではない。ひろく大都市圏を視野にいれたシステムが構想されるべきなのである。それは、一方において圏域内の高次の行政課題に対応しうるシステムの構築として、また他方において、市民の生活の場を基本とした行政システムの構築として追求されるべきであろう。しかも、これらのシステムは、かならずしも総合的かつ一般的自治体を軸にするのではなく、特定目的の自治体を機能別に組み合わせ、地方分権改革に弾みをかけるものでなくてはなるまい。

3　大都市圏行政システム構築の視点

さて、以上のような時代認識に立つとき、政令指定都市制度には明らかにピリオドが打たれてよい。二〇〇一年十一月に川崎市に生まれた新政権は、従来の区長裁量によるまちづくり交付金制度による行政区「重視」から一歩踏み出し、区長選任に市議会の同意をえる構想を打ちだした。それは区長に政治的正当性を付与しようとするものだが、この構想の実現に力を入れれば入れるほど、政令指定都市のアイデンティテイは失われていこう。

都心区である川崎区と周辺の多摩区、宮前区などとでは社会経済的条件は大きく異なる。同様に横浜市においても都市区の中区と緑区、戸塚区、瀬谷区、港南区といった周辺区とのあいだには大きな社会経済的条件の差異が存在する。区長の政治的正当性を高めるならば、遅かれ早かれ政令指定都市は分解する。しかし、そこまでは視野に入っていないようだ。

ところで、行政区の規模は人口二〇万人から三〇万人程度であって、これらは政令指定都市をとりまく基礎自治体と規模を等しくしている。行政区は基礎自治体として十分自立しうるばかりか、中核市、特例市として普通市以上の権能を行使できる条件を備えている。東京二三特別区についていえば、すでに直接公選の首長と議会を備えているのであり、基礎自治体（市）としての独立が問われているのである。そればかりか、人口六〇万人を超す世田谷区、足立区、大田区、杉並区、練馬区などについては、より人口規模の小さい基礎的自治体に再編成することが問われる。

法制度としての大都市がイコール大都市圏ではない状況のもとでは、人口二〇万人から三〇万人程度を基準とした基礎自治体を、大都市圏自治行政システムの基底におくべきであろう。このことには、少なくとも三点のメリットが存在する。

第一に、今日の都市行政に問われるのは、既存の限定された行政資源を前提として政策・事業のリストラクチャリングをなすことである。大都市であるほど、市民の統制がおよばないことに加えて、潤沢な資源を前提とした体系なき行政を展開してきた。それがまた大都市の財政危機を招いてきたのだ。二〇万ないし三〇万人規模の自治体への再編は、この悪弊から脱却しうる。第二は、機関委任事務制度が全廃され、法定受託事務と自治事務に再編成されたとはいえ、府県から基礎自治体への権限移譲問題はなお残された課題である。大都市制度の解体をもとに中核市や特例市を増加させるならば、市民自治に立脚した地域の行政は一層充実をみる。そして第三に、政令指定都市の行政区や二三特別区の住民のあいだには、生活を営む近隣住区のまちづくりを指向する動きが強まっているが、政令指定都市の行政区も特別区も制度的にそれに応えられない。適正な規模の基礎自治体においてはじめて、市民の非営利活動（ＮＰＯ）と行政機構との協働が可能となるとともに、市民の手による住区単位のまちづくりが可能となる。

ところで、こうした改革が実現するならば、大都市圏の都府県は「身軽」になる。しかし、このことは大都市圏内に存する都府県の広域合併の論拠とはならない。東京都市圏（東京、神奈川、埼玉、千葉の一都三県）にひとつの広域自治体を作るとなれば、その人口は三〇〇〇万人近くになる。政令指定都市の都心区と周辺区との社会経済上の差異と同様に、一口に東京都市圏といっても、これらの都県のあいだには社会経済上の差異が存在する。それは大阪都市圏や中部都市圏においても同じであろう。したがって、府県には一方においてそれぞれの地域における土地利用、交通、環境政策などについて、基礎自治体との対等な関係を前提とした広域調整にリーダーシップを発揮する責任がある。

また、高次の医療や産業振興のための研究開発事業などに取り組む責任が残されている。

しかし、他方において府県は、大都市圏全体にわたる水資源や河川管理、道路管理、海岸線の管理、産業廃棄物行政などへの取り組みを必要としている。一級河川水系や一般国道の管理権限の自治体移管が実現をみていないのは、それを真剣にもとめようとしない府県側にも責任がある。ただし、国側がタテマエ上の理由としてきたのは、県境を越えた管理の難点である。この国側の論理を否定し地方分権体制を進展させるとともに、地域の状況に応じた管理を実現するためには、特定目的の自治体を構築すればよい。現行の地方自治法においても、きわめて不充分であれ広域連合制度を用いるならば、たとえば利根川水系の管理だけを目的とした自治体を作ることができる。連合長と連合議会は住民の直接公選制のもとにおくことができる。現行法上の問題点は課税権のないことだが、それはまさにこうした取り組みを追求することによってはじめて解決される課題である。いずれにせよ、大都市圏域全体にわたる高次行政機能の遂行は、政府の目的が明瞭であり、その意味で市民の政治的コントロールが機能する特定目的の自治体によって担われていくべきである。

同時にこのことは、大都市圏内の新しい基礎自治体間においても試みられるべきであろう。医療、看護や介護、救急、みどりの保全、図書館などの文化行政などは、もはや基礎自治体がワンセットで備えるべきものではない。多様な連係ないし連合の仕組みが試みられ、事業目的と資源管理が明瞭となるシステムを構築すべき時代なのである。

4　むすび

法制度的にも都市地理学的にも、政令指定都市制度や東京都制が存立の意義を失ったことを前提として、大都市圏における政府体系をデッサンしてきた。過密と過疎の極端な進行を前にする時、明治期以来の画一的制度論理から脱却し、大都市圏のみならず過疎地域にも、多様な自治のシステムを築くことが真剣に追求されるべきである。それは、この国の自治と分権の行方を決めるといってよい。

（原題「大都市圏政府体系の見直し」『市政研究』二〇〇二年春号、大阪市政調査会）

市町村合併は小泉流「日本改造計画」への序曲か？

【欠落する民主主義政治体制への視座】

政治権力にとってこのくらい御し易い社会もないのではないか。さまざまな局面についていうことができるが、とりわけ、九九年以来政府が強力に推進している市町村合併をめぐる動きに端的に表われていよう。合併を進めている市町村の長や議員はもとより、周辺で進む合併に困惑の表情を隠さない自治体関係者をふくめて、「このままでは財政上立ち行かなくなる」と口をそろえて語る。そして、市町村合併特例法（二〇〇五年三月失効）が用意している合併特例債や普通地方交付税の財政措置（後述）を、使えるうちに使って生活基盤などの整備事業をしたほうがよいとなる。この論理はさらに進んで「合併は避けられない」との「結論」にいたる。当初は、合併を逡巡していた自治体も周辺での合併協議が進むうちに、一種の強迫観念にとらわれ、「流れに身を任せた方が得策」となる。

実際、市町村の政治リーダーたちに「合併したらほんとうに財政は好転するのか」「合併特例債は借金でないか」「これほどいろいろ作ってきて生活基盤はまだ弱体か」といった質問をしてみても、確信に満ちた回答など得たことがない。「地方交付税で面倒をみてもらえることになっている」「住民のニーズはつきない」「大きくなることで行政は効率的になる」といった程度の答えが返ってくるだけだ。

「平成の大合併」への過剰同調が生まれている。それだけに、否、そうだから足元の自治体改革への熱意も将来の自治体政治行政の姿にたいする洞察力も、すっかり薄らいでしまっている。二〇〇〇年四月の第一次地方分権改革時から自治体の長らは「自己責任」「自己決定」を強調している。だがおよそ、市町村合併に「猪突猛進」する自治体に、そのようなキーワードの具現をみることはできない。

しかし、この大規模に進行する市町村合併を前にする時、議論は一部で展開されているような、市町村の取り組みと小泉政権を批判し「市町村を守れ」といった次元にとどまるべきではない。おそらく、大規模な市町村合併は、既存の中央—自治体関係のラディカルな改革の序曲であろう。この先に何が構想されているのか、はたしてそれは民主主義政治体制にとって妥当なシステムなのかが、論点とされねばなるまい。

1　関与の緩和としての第一次地方分権改革

一九九〇年代の初頭より地方分権改革が、政党横断的に政治の着手すべき課題とされた。九三年六月の衆参両院における「地方分権推進に関する決議」は、国会史上初めてのことであり、それだけに地方分権改革の緊急性を社会に訴えるものであった。

一般的にいえば、地方分権改革は、八〇年代後半からの極端な東京一極集中がもたらした地方経済の疲弊、相次ぐ政治スキャンダル、急速に進行しつつも地域間で状況を異にする高齢化などを前にして、「地域のことは地域で」の言葉で正当化された。しかし、「地方分権改革」に込められた意図、分権型制度の設計ビジョンは、けっして同一ではない。政治改革の「熱風」が吹き荒れるなかで一躍時代の兆児となった細川護熙や小沢一郎は、都道府県―市町村の二層制の地方制度を廃止し、三〇〇ほどの基礎自治体に再編すべきだとした。とりわけ、小沢が『日本改造計画』で主張したのは、グローバルパワーとしての「普通の国」に日本が成長するためにも、中央省庁を内政の「雑事」から大幅に解放すべきことだった。つまり、「強い国家」建設のためには、小さく機動的な中央政府を築くべきなのであり、そのために地方分権改革が不可欠の課題とされたのである。

小沢らと政治的指向を同じくしていたか否かはともかく、九〇年代初頭には制度設計の外観からみるかぎり類似する構想が、連邦制、道州制といった形で次々と提起された（長野士郎県政下の岡山県、行革国民会議など）。現行の二層制の維持を図ろうとする集団からも、中央政府の権限を国民国家の本源的機能に限定すべきことが主張された（全国知事会、政治改革推進協議会＝民間政治臨調など）。

しかし、一九九五年五月の地方分権推進法の成立をうけて設けられた地方分権推進委員会による改革作業は、これらの「華々しい」地方制度の変革や中央省庁権限の大規模自治体移管を「棚上げ」した。地方分権推進委員会は、「実現可能な改革」を目標とするとして、現行の二層制地方制度と中央―自治体間の権限配分形態を前提としたうえで、改革の主たるターゲットを中央各省から自治体にたいする関与の緩和に設定した。

この戦略には、それぞれが理想とする地方分権改革に照らして批判が生まれたのも事実である。だが、地方分権推進委員会の四次にわたる勧告を基本とした地方分権一括法にみるように、戦後日本の中央―自治体関係における最大の矛盾とされてきた機関委任事務制度は全廃された。その結果、各省大臣と知事・市町村長らは同一行政庁内の上級機関と下級機関の関係を払拭し、法制度上は対等の関係に立つことになった。そして、機関委任事務制度の全廃に付随して、地方事務官制度（身分は国家公務員だが、機関委任事務を執行する知事の指揮監督のもとで事務処理に従事する職員）も廃止され、必置規制（法令等で自治体が設置すべき機関、組織、職をさだめること）も大幅に緩和された。

さらに、将来の中央―自治体関係にとって画期的であるのは、国地方係争処理委員会の設置であろう。各省大臣と知事・市町村長らが同一行政庁内の上級・下級機関間の関係でなくなった以上、両者の間には法令の解釈をめぐる紛争が生じる可能性がある。そのようなケースを想定して、両者の係争を審判するシステムが作られた。自治体側からのみ国地方係争処理委員会に審理を提起できるが、仮に自治体側が委員会の結論に不満であるならば、自治体は高等裁判所に提訴できる。このシステムは、たんに係争処理のシステムにとどまるものではない。中央―自治体関係を律する規範が、立法統制・司法統制へと転換する道筋が作られたと解しておくべきだ。さらにいえば、自治体側から中央―自治体関係を律する規範を作りだすことも可能になったのである。

このように、二〇〇〇年四月の第一次地方分権改革は、集権・融合型の中央―自治体関係に鋭く切り込むものであり、戦後改革時の積み残し課題を戦後五五年にしてようやく清算したものといってよい。しかし、集権・融合型中央―自治体関係が「骨の髄」まで染みわたっている自治体には、その意義が理解されているとはいえない。本来、この改革を生かしていくためには、政策作成や法令解釈における自立的思考を必要としている。だが、依然として自治体の役所内に『通達・通知集』がおかれ活用されているばかりか、市町村合併への過剰同調にみるように、自治体側は中央依存指向から抜けだせないでいる。他方において政権の側には、戦後改革の積み残し課題の清算をうけて、集権・融合型システムの大規模な変革を政治的アジェンダとして追求しようとする動きが顕著である。この齟齬こそが「平成の大合併」を舞台回ししているのだ。

2 減税と公共事業の自転車操業

地方分権推進委員会の活動を振りかえってみると、市町村合併の積極的な推進が議論されていたとはいえない。もちろん、委員のなかに市町村合併や市町村行政の効率化を主張する声もあり、そのための検討グループが作られたのも事実である。だが、地方分権推進委員会の主流は、五六一件にのぼる機関委任事務の自治事務・法定受託事務・国の直接執行事務への分類を所管省庁と個別協議することに追われていた。

総務省自治行政局が発行する『市町村合併関係資料——みんなで考えたいな、未来のふるさと』（二〇〇二年五月）は、地方分権と市町村合併を関連づけようとして、地方分権推進委員会第二次勧告や橋本龍太郎政権の策定した第一次地方分権推進計画（九八年五月）の記載事項をあげている。だが、政権が策定した第一次地方分権推進計画ですら、「市町村合併等の推進」として、合併環境を整えることと広域連合制度などの活用による「広域行政課題」への対応を掲げていたにすぎない。

もちろん、この一方で地方分権推進委員会の勧告を踏まえて第一次地方分権推進計画は、政令指定都市制度、中核市制度に加えて特例市制度を設けることを明らかにし、それは地方分権一括法の成立によって地方自治法にさだめられた。特例市制度は第三種政令指定都市ともいうべきものであって、人口二十万人以上市を対象として、中核市に準じる権限を付与するものである。機関委任事務制度の廃止後の自治事務・法定受託事務を一律にすべての市町村に分担させることは、行政能力的にも社会経済的にも合理的でないとの判断にもとづく。特例市制度が市町村合併のひとつのインセンティブとなっていることを否定しないが、市町村合併の推進のために特例市制度が作られたとはいえない。

総務省文書などは、一九九五年以来の地方分権改革と今回の大規模市町村合併を関連づけ「地方分権の推進のために」というのだが、「受け皿」論に立ち入らない改革として関与の緩和が追求されたのであり、両者の間に論理的整合性があるとはいえない。そもそも市町村合併は、基礎自治体レベルにおける「窓口サービスの利便性の向上」、「行財政基盤の強化」といった、ある意味で「低い次元」の改革のみを意味しているのだろうか。

地方分権改革がスタートした九〇年代後半、日本の財政はそれまでの拡張主義的運営の結果、深刻な経済不況とあいまって破綻状況を深めた。橋本政権は九七年一月、現職ならびに歴代首相、蔵相らからなる財政構造改革会議を設置した。

首相自らが主宰した財政構造改革会議は、一六本の公共事業関係長期計画をはじめとした主要行政分野ごとに、等率の歳出削減率をかぶせるキャップ制の導入を決定した。この結論は九七年末に財政構造改革法の制定へと結びつくが、実態は既存財政構造温存法であり、財政支出の優先順位にはなんら手を加えるものではなかった。

それでもこの歳出抑制策は、土建国家ニッポンに生きる政権党政治家にとって、少なからず手枷・

足枷と映った。九八年参議院議員選挙における自民党の敗北は、橋本政権の歳出抑制策にあったわけではない。住宅金融専門会社への公金投入や大蔵省高級官僚のスキャンダルが物語る政治のモラルハザードへの批判こそが主要因である。だが、選挙での惨敗の責任をとって橋本龍太郎は退陣した。そして小渕恵三政権が誕生するとともに、政権は不況対策を理由として公共投資の増額に転じた。財政構造改革法は小渕政権のもとで葬られたのである。こうして政権は、九八年以降、すでに九五年度に始まる国税・地方税減税に加えて歳出増なるアンビバレントな財政政策のもとを邁進していった。

ところで、高度の集権・融合を特徴とする中央―自治体関係のもとでは、不況対策としての減税と公共投資政策は、自治体行財政の状況に左右されざるをえない。言い換えれば、見せ掛けであれ自治体財政の「安定」にささえられねばならない。「安定」に向けた演出はなされた。だが、その中心である国の地方財政対策は「自転車操業」そのものとなった。

一九八四年度に廃止された地方交付税特別会計の借入金方式は九四年度に復活しているが、国税の減税による地方交付税原資の減収を補填するために、同特別会計は九五年度に一兆二四二〇億円、九六年度に一兆二三二〇億円、九八年度に一兆九六五六億円、二〇〇〇年度に一兆五九八九億円の借金を重ねた。この借入金は基本的に国・自治体の折半による返済をルールとしている。だが、当初予定された二〇〇一年度からの償還では、地方交付税特別会計の借入金を増やすだけだとして、二〇〇七年度以降に繰り延べされた。これらに加えて政権は、公共事業の「着実」な実施のために地方建設債の発行を自治体に促すとともに、地方税の減税による減収補填債の発行を認めた。

中央政府の公共事業費自体が国債に依存するが、国税の減税・減収による経常経費部分もまた赤字国債による。加えて、国税収入の減収にともなう右の地方交付税原資の借入金による補填とは別に、国は地方交付税に特例加算してきたが、これまた国債の発行によらざるをえない。こうした自転車操業の結果、地方交付税特別会計の借入金残高は、二〇〇〇年度末に四二兆五千億円に達した。さすがの国も二〇〇一年度からは、それまで頑なに拒否してきた「赤字地方債」の発行を制度化し、自らの負担軽減を図ることになる。逆にいえば、自治体側は建設地方債や地方交付税の借入金の返済に加えて、経常経費に充当する借金とその返済を将来にわたって強いられることになった。

このようにみてくるならば、九九年の合併特例法の改正が、一方で気運の高まっていた地方分権改革の推進を名分としつつも、実際の狙いがどこにあるかは、もはや論じるまでもないだろう。地方交付税制度を根幹とする集権・融合型財政の改革なくして、中央政府財政の「泥沼」からの脱出はないとの認識こそが、市町村合併を一大政治アジェンダに押し上げたというべきだ。

3　小泉「構造改革」と総務省

市町村合併に向けて政権が本格的に始動するのは、二〇〇〇年になってからである。二〇〇〇年十一月に旧自治省は「市町村合併の推進に係る今後の取組」（市町村合併推進本部決定）において、合併特例債の創設（合併後一〇ヵ年度間は市町村建設計画にもとづく事業経費の九五パーセントに地方債の発行を認め、元利償還金の七〇パーセントについて地方交付税の基準財政需要額に算入するもの）、地方交付税交付金の合併算定替（合併後一〇ヵ年度は合併しなかった場合の普通交付税措置を全額保障し、さらに五ヵ年度は激変緩和措置をとるとするもの）、合併後の新たなまちづくりや公共料金の格差是正等についての包括的な特別交付税措置などをさだめた。また二〇〇〇年度予算において市町村合併推進補助金（合併準備補助金、合併市町村補助金）制度を設けた。これは「昭和の大合併」といわれる一九五〇年代後半の合併以来、実に四五年ぶりのことである。そして、二〇〇一年度予算に新たに都道府県体制整備費補助金を盛り込んだほか、都道府県が行う合併推進事業にたいする普通交付税の単位費用の増額が行われた。さらに、不均一課税のできる期間の延長や同期間における課税免除の特例などの税制上の特例措置が設けられた。

こうして、合併特例債、地方交付税、補助金、税制上の特別措置といった政府金融、歳入・歳出予算にわたる「至りれ尽くせり」の市町村合併推進手段がセットされた。そして、総務省やその主導のもとに作られた「二一世紀の市町村合併を考える国民協議会」による四七都道府県リレーシンポジウムが展開され、官主導の合併モードが醸成されていった。

この大判振るまいのごとき合併推進策が用意されるなかの二〇〇一年四月、小泉純一郎政権が誕生した。政権が「伝統的自民党政治を破壊する」とし構造改革を掲げたことは、改めて記すまでもない。ここにいう「構造改革」は、一面において、超包括政党としての自民党が満遍なく背後の利益に応えるために採用してきた、拡張主義的財政運営からの脱却を意味する。このかぎりにおいて「妥当な」政策選択であり、それゆえに政権誕生時にメディアまでふくめた「熱狂的」支持をもたらした。

しかし、この「構造改革」の意味するものは、二周・三周後れのサッチャー主義であるといってよかろう。深刻な経済不況と財政の破綻状況を打開するために、国内諸利益への財政支出を徹底して抑制し、他方において自由な言い換えれば野蛮な市場経済の構築を図ろうとするものである。そして、小泉純一郎なる政治家に、中曾根康弘のような「硬派」的国家主義者の雰囲気が感じられないとしても、彼が新国家主義的思考の持ち主であることは明白である。それは靖国神社への公的参拝にとどまらない。いまやテロ対策特別措置法、有事立法関連法案にみるように、自衛隊（国軍）をグローバルパワーとして成長させようとする動きとなって現われている。小泉政権は、すでに九九年の第一四五通常国会で制定された周辺事態法、通信傍受法、国旗国歌法、憲法調査会の設置を定めた国会法改正法、さらには住民基本台帳法の改正による住民基本台帳ネットワークシステムの創設といった一連の国家機能の強化を図る法制度の延長線上に、位置しているといってよい。

この文脈からは、当然のことながら、土建国家ニッポンを下支えする市町村、さらには都道府県体制を整理し、「金食い虫」を駆除して中央政府の身軽化と機動性を向上させることが、国家的課題とされる。だからこそ、政権発足後の「骨太の方針」（第一次）は「市町村合併や広域行政をより強力に促進し、目途を立ててすみやかな市町村の再編を促す」とし、市町村の自主的・自発的合併なる文言を一切削除したのだ。

ところで、この小泉「構造改革」に隠れがちだが、注目しておきたいのは総務省の誕生だ。二〇〇一年一月の行政改革によって、旧自治省、郵政省、総務庁を統合した総務省が生まれた。一部の学者やメディアは、総務省を「ごった煮」官庁と揶揄した。しかし、総務省はたんに旧自治省、郵政省、総務庁の基幹的部局を集めたものではない。税財政をふくめた地方制度の管理、中央省庁と自治体の組織定員管理、自治体行政にも密接に関連する中央省庁と独立行政法人の政策・事業評価、国家的な視野からの情報通信政策と基盤整備に権限をもつ総務省は、地方分権化や規制緩和が避けられない状況のもとで、国家の中枢管理機能を強化しようとするものである。

今日なお一部の学者は、総務省の行動様式を旧自治省時代と同様に見立て、政権内のパワーポジションを維持するために、一方で都道府県・市町村の利益の実現を図りつつ、他方において自治体に厳しく臨むとし、市町村合併もこの観点から説明しようとしている。だが、総務省は国全体としてリソースが限定されるなかで、こうした「硬軟両面」戦術を執ることはできないし、それ以上に執る必要がない。政権と一体なって国家的観点から地方制度、行政組織制度を管理し、他方で情報通信政策を管理することこそ、総務省のミッションなのだ。実際、片山虎之助総務相は、市町村合併をたんに地方財政の観点から必要とするとは説明せず、「国と地方の基本的な仕組みにかかわる諸制度や国民の社会経済的活動を支える基本的システム」の所管官庁として、都道府県・市町村の既存の制度全体を幅広く見直すとしている。

いわば、小泉構造改革と二〇〇一年行革による総務省の新設は、中央政府財政の身軽化を追求する市町村合併から一歩進んだといわねばなるまい。つまり、内政の「雑事」から解放された中央政府の再構築が、市町村合併の先に展望されるにいたっている。一〇年ほどの時間の隔たりがあるものの、小沢一郎が提起した改革課題が、より深刻化した財政構造の改革を動因としつつ、政権の改革アジェンダとされたといえよう。この意味でいえば、市町村合併は小泉流「日本改造計画」のほんの序曲でしかないのだ。そして、総務省の立場にそくせば、小泉改革への同調は、基幹的制度を国家的観点から管理する「官房」機関としての地位を、強化することはあっても弱めることはない。自治体側はこの変化に気付き、総務省による「庇護」思考を、払拭せねばならないのである。

4　地方分権思考への回帰

政権の政治指向に同調しないにしても、ひとつだけはっきりしているのは、「護送船団行政」のごとく中央が自治体の面倒をみる時代が終わったことだ。にもかかわらず、各地の自治体は、先に述べた合併促進の税・財政措置のセットに飛びついている。合併特例債を用いた基盤整備事業が必要ともいう。「パン食い競争」のような状況の先に、いかなる負担が待ち受けているかなど、まったく考えられてもいない。地方交付税交付金の基準財政需要額のなかに償還金が措置されると政府はいい、自治体も「盲信」している。だが、自転車操業のような地方交付税交付金財政のどこにその余地があるのか。

このマジックのような仕掛けについて、井上源三・総務省自治行政局市町村課長は、「合併特例債の部分が、結果的に交付税に上乗せすることが可能なのか、その財源を確保するために増税するのかといった議論にもなりますが、それは難しいと思います。交付税総額が変わらないか、もっと減ってくる中で、合併されたところに特例債等を配分することになると、合併されないところには、それなりの圧縮がある」(『フロンティア』北海道町村会、二〇〇二年、夏季号)と種明かししている。何のことはない。地方交付税交付金として受け取る金額の大半が借金返済金となるといっているにすぎない。しかも、合併自治体が多くなるほど、自治体が自由に使える交付金部分が減少するということだ。さらにいえば、地方交付税の合併算定替も合併前の絶対額の保障を意味するものではない。

自治体はこれまで述べてきたような政権の描く政治体制像の文脈を踏まえて、地方分権とは何であり、何をなすべきであるのかを、冷静に考えてみることだ。地方分権改革の原点は、あくまで地域における住民にもっとも身近な政府を築き上げることである。このとき、戦後日本が経験してきた経済的・財政的右肩あがりの時代は、もはや二度と招来しないことを基礎前提とせねばなるまい。しかも、高齢少子化の社会構造変化は避けられないから、税収は一段と落ち込むことになる。事業官庁に加えて旧自治省も、いわゆるバラマキ行政によって自らのアイデンティティを維持しようとしてきたが、それへの依存と従属が自治体行政機構の膨張をもたらした。この点に立ち返るならば、自治体は政策・行政組織の徹底したスクラップ・アンド・ビルドに取り組むことである。

九五年の地方分権改革のスタートと時期を同じくして、政策法務・政策財務が先進的な自治体の首長や職員から語られてきた。意味しているのは、従来の中央依存型の収入・支出から脱却して、徹底した財務情報の公開による政策・事業体系の再構築である。そしてまた、そのために法令の独自の解釈による政策・事業体系の理論化＝地域のレベルからの正当化が図られていかねばなるまい。この延長線上には、事業執行の職員による「独占」はありえないし、職員機構と行政機構の再編成が不可避となる。ケースによっては、住民に使用料や手数料の負担増をもとめなくてはなるまい。あるいはまた新たな地域のパブリックの担い手としての活動を住民にもとめなくてはならない。

しかし、こうした努力を欠いて、従来型の中央依存の拡張主義的財政運営がなお可能と考えるところには、住民に身近な政府への道は存在しない。先に述べたように、二〇〇〇年改革によって中央省庁の発する通達・通知は法的意味を失ったのである。その意味では政策法務の条件は作られている。今後は自ら持つ能力をそこに集中させるかどうかである。

問題の焦点は、財政の逼迫を地方分権改革の原点に立ちかえって、自治体改革の「好機」と捉えるかどうかにある。それは、たんに自治体改革としてではなく、民主主義政治体制を機軸とする政府間関係を構築するために問われているのである。

5 政府間関係改革の原点

市町村合併を準備する都市部の自治体のなかには、政令指定都市への「昇格」をめざす動きがある。すでに合併した（あるいは合併を決めた）さいたま市や静岡・清水市、準備している新潟市とその周辺自治体などは、その代表例である。この一方に、政府部内には都道府県と同格の特別市の制度化構想がある。小規模町村をかかえる地方部においても、市町村合併が進行するならば、都道府県の再編成は避けられまい。いずれにせよ、このまま推移すれば、都道府県制度は遅かれ早かれ廃止の命運をたどり、道、州、地方といった名称の画一的かつ大規模な行政体が出現することになるだろう。そして、国家の本源的機能に純化した中央政府——ミニステイトというべき広域行政体——権能を人口段階ごとに異にする三桁程度の基礎自治体の完成をみる。

はたして、これでよいのか。中央—自治体関係の改革の基本的視座は、一般にいわれる広域行政課題に応えることでもなければ、中央政府と自治体とを分離することでもない。近隣自治を出発点とした上昇型の政府間関係に再編成することであり、基礎的自治体の広域自治体への参加、広域自治体の国政への参加のチャンネルを軸として、地域と国政の両面にわたって民主主義政治体制を確立することにある。広域行政課題への対応が自治体の大規模再編成としてしか構想されないのは、民主主義政治体制への視点が欠落しているからである。地域の自治を原点とするならば、広域行政課題への対応システムは、なにも大規模な一般的かつ総合的行政体を作るだけが解決策ではない。アドホックな特定目的の政府形態や政策連合などを多様に構想することが可能である。上昇型の政府間関係を機軸としつつも、地域ごとに住民の政府の形態は多様であるべきなのだ。

地方分権改革は、「地方は地方」「中央は中央」の関係構造を作りだし、地方と中央の独自性の強化を目的とするものではない。そもそも、いかに中央が「国益」と強調しようとも、国益は中央のみによって実現するものではない。原子力発電所や軍事基地、あるいは大規模公共事業をみれば余りにも明白であろう。それらは具体的地域での事業を欠いて実現するものではない。「国益」なるものの決定システム自体の分権的改革が問われているのである。しかし、輪郭を現わしている小泉流「日本改造計画」においては、およそナショナルゴールの分権かつ分節的決定システムは、射程にも入れられていない。その結果は、「強い中央政府」が出現するとしても、国全体としてのガバナンスは低下せざるをえない。

＊

全国各地で演じられている市町村合併は、決して地域のレベルでの行政システムを見なおそうとするものではない。すでに論じてきたように、「地方分権」を言語シンボルとしつつ、戦後地方制度を大規模に再編し、国家機能を強化しようとするものといってよい。小泉政権に陰りが生じているにしても、こうした改革方向に陰りが生まれているわけではない。地方分権改革への期待が多様であったとしても、多くの市民は政治と行政を生活の原点においてコントロールできるシステムの構築を期待したはずである。小泉流改革に棹を差すことができるかどうかは、この原点を確認するかどうかにかかっている。その意味で、自治体政治リーダーには、市町村合併の先を透視してみることが問われている。

（『世界』二〇〇二年九月号、岩波書店）

地方分権と住民投票の法制化

【「間接民主主義の誤作動」を防ぐために】

二〇〇〇年四月から地方分権一括法が、ごくわずかな事項を除いて施行された。既に九九年末から自治体では、機関委任事務の廃止に伴う行政体制の整備に向けて、新たな条例の制定などが行われてきた。実務としては、こうした準備作業が不可欠である。しかし、二〇〇〇年を地方分権元年として位置付け、今後一段と分権化を推し進めていくためには、自治体の意思決定システムを見直し、市民の自治と参加の条件を拡充することが必要である。

地方分権元年といってみても、中央各省から自治体に対するフォーマル・インフォーマルな指導が、多様に加えられていく。これに自治体が毅然とした対応を欠くならば、実質的には集権体制の温存につながってしまう。自治体の首長・議会には、地方分権を語る以上、市民の意思を的確に把握し、中央政府に対抗することがもとめられている。

こうした状況の下で、自治体の意思決定システムに住民投票制度を導入しようとする動きが、一九九六年の新潟県巻町における投票以降、にわかに高まっている。しかし、四月から施行された新地方自治法においても、意思決定に関する一般的制度としての住民投票制度は、何ら規定されていない。特定の地域的争点について住民投票を実施しようとするならば、個別の事案ごとに住民投票条例を制定する以外にない。そして、首長や議会がこれに消極的であるならば、住民投票をもとめる市民は、条例制定の直接請求制度を用いる以外にない。だが、多くの請求は、条例制定に最終的権限を持つ議会によって否決されてきた（二〇〇〇年三月現在で三四件の否決）。

こうした不合理を正し、地方分権時代に相応しい自治体の意思決定システムを創るために、住民投票立法フォーラム（以下「立法フォーラム」とする）は、住民投票制度の立法化をもとめて、二〇〇〇年三月十三日に「住民投票に関する特別措置法」の試案を公表した（本稿末に全文掲載）。以下、本稿では折田泰宏弁護士とともに立法フォーラムの共同代表を務める立場から、試案を踏まえつつ住民投票制度について論じていきたい。

1　多元的な意思表出のチャンネル

二〇〇〇年一月二三日に実施された徳島市の吉野川第十可動堰の建設是非を問う住民投票を前にし

て、中山正暉建設相は「民主主義の誤作動」であるとした。彼は、高度に技術的問題について素人が住民投票によって意思を表明することは、行政の合理性を歪めると言いたかったのであろう。しかし、それならば、首長と補助機構としての行政職員、そして自治体の議会は、合理的な政策・事業選択を常になしているであろうか。あるいは、そのように行動できる条件を備えているのであろうか。

大規模社会の宿命

九六年の巻町から徳島市の住民投票に至る十件の住民投票、あるいは実施を阻まれた九八年の神戸市空港建設をめぐる住民投票を含めて、市民の側は「初めに住民投票ありき」であったのではない。首長や議会が地域社会の将来に重大な影響を及ぼす恐れのある重要プロジェクトに対して、自発的かつ能動的に調査と討論を展開することを期待していた。しかし、首長や議会は「立地自治体に許認可権限がない」、あるいは「地域経済再生に不可欠な事業」といった理由を掲げて、市民の疑問に対して積極的に対応してこなかった。

こうした首長や議会の行動は、間接民主主義（代議制民主主義）にもとづく政治機関こそが、自治体の意思決定機関であるとの言説によって正当化されてきた。それは首長や議会が自らの正当化のために語っただけではなく、政治学や公法学の学者によっても展開された。

たしかに、「一万人の集会はできても、一万人の討論はできない」との言葉が示すように、討論にもとづく利益の調整とそれによる意思決定を、民主主義政治の神髄とするならば、この大規模社会においては、間接民主主義を政治制度設計の基本とせざるをえない。しかし、個々の代表が強力に組織された利益の「代理人」的色彩を濃くしてしまうことも、大規模社会の宿命なのである。

民主主義政治の躍動願う

「国の公共事業」「地域経済の再生」を言いつつも、それによって利益を得る集団を支持基盤とする代表による意思決定は、常に市民の意思から乖離してしまう危険性を内在させている。したがって、どのレベルの政府の意思決定であっても、間接民主主義を基本とした制度設計のみに依拠すべきではない。それを補完するものとして、直接民主主義に根差した意思決定チャンネルを用意しておく必要がある。そもそも、民主主義政治体制にとって重要であるのは、意思表出のチャンネルが多元的に整えられていることである。チャンネル数が少なければ、外見的に民主性を採用していても、実質を備えるものではなくなる。

ここ数年の住民投票をめぐる動きをみても、仮に住民投票制度が一般的制度として存在し、主権者である市民がいつでも住民投票を発議・発動できる条件が整っていたならば、首長も議会も事業者の計画に対して「怠慢」を決め込むことなく、情報の公開とそれにもとづく調査を積極的になしたことであろう。なぜならば、彼・彼女らは、「選挙の洗礼」を唯一の存在証明としているのであり、次の選挙でも当選をはたすためには、緊張感を持って市民と接しなくてはならないからである。

住民投票の推進に各地でかかわっている市民は、数を頼って情緒的に政治と行政の将来を決しようとしているのではない。間接民主主義のアクターたちに緊張感を植え付け、民主主義政治体制を躍動させることを願っているのである。その意味で、住民投票の制度化は、「民主主義の誤作動」ではなく、「間接民主主義の誤作動」を防ぐために、必要とされているのである。

2 政治文化の変容と意思の抽出

ところで、ここ数年、なぜ、住民投票をもとめる動きが、燎原の火のごとく広がりをみせているのであろうか。この根底には、間接民主主義にもとづく意思決定機関の行動に関する市民の不信感のみがあるのではない。より重要なのは、地域社会から政治文化の変容が生じていることではないか。首長や議会に対する批判は、それがこの変容に無頓着であるがゆえである。

国益・公益が神通力失う

住民投票の争点となっている事業は、いずれも国益・公益のためと説明されてきた。近代化途中あるいは「金ピカの八〇年代」であったならば、国益・公益を掲げた事業は、多くの場合、そのまま受け入れられてきた。特定の事業を国益・公益をもって正当化するのは簡単である。しかし、今日、地域社会は国益・公益の冠をかぶされた事業といえども、地域社会の将来を考える一ファクターとみなすようになっている。そして、地域社会の将来にとって明らかにマイナス要因と考えるならば、それを拒否する動きを強めている。言い換えるならば、国益・公益は、かつてのような神通力をもっていないのである。

こうした地域社会の対応は、明らかにこの国における政治文化の変容を物語る。それを促進している要因は、一つではもちろんない。国益・公益の名の下に多様な事業を受け入れてきたものの、地域の持続的発展に結び付かないことが、いわゆるバブル経済の破綻以降、明確に認識されだしたことも、その一つである。同時に、九〇年代半ばから地方分権改革の気運が高まることによって、「地域のことは地域で決める」とする意識の高揚に促されてもいよう。

地方分権一括法にまとめられた地方分権改革は、機関委任事務の廃止に代表される中央の自治体に対する関与の緩和に限定されている。これ自体、戦後の中央—自治体関係に照らせば、大きな制度改革である。しかし、公共事業をはじめとした巨大プロジェクトの立地手続きの集権性は、基本的に改革されないままである。自治体にもとめられているのは、この地域社会から生じている政治文化の変容を踏まえて、中央—自治体関係を分権的に組み替えることである。そのためには、市民の意思を「完全な」形で抽出することが、何よりも重要となる。

高度な意思抽出機能

住民投票制度そのものへの抵抗も混ざり合って、特定の地域的争点についての意思の抽出は、首長ないし議会議員選挙で十分であるとの主張が、一部から強く展開されている。しかし、選挙はいかに重要な争点が形成されているとしても、それへの賛否のみで特定候補者への投票が行われるわけではない。候補者の人格や識見、利益的つながり、他の政策争点などが勘案され、一票が投じられる。これに対して、住民投票は、かなり高度に市民の意思を純粋抽出できる。

この点で参考になるのは、九六年の沖縄における米軍基地存続の賛否を問う住民投票である。この時の投票率は、五九・五三パーセントであり、基地存続反対票が八九・〇八パーセントであった。この住民投票に先立つ九四年十一月の沖縄知事選挙の投票率は六二・五四パーセントであり、当選した大田昌秀氏の得票率は、六〇・二八パーセントであった。二つの投票率は誤差のうちと考えてよいであろう。そして、大田氏に投じられた票は、ほぼそのまま米軍基地存続反対票であったとみてよいとするならば、知事選挙で相手陣営に投じられた票の多くが、基地存続反対票に動いたことを意味する。

つまり、首長選挙や議会議員選挙で、ある政策選択がなされたといってみても、それは市民の現実感覚と異なることがありうる。自治体が、中央政府に対抗し一段の地方分権改革を推し進めようとするならば、住民投票の持つ高度の意思抽出機能を重視すべきなのである。二元的代表制の下の選挙と住民投票とは機能を異にしているのであり、首長や議会は、この一種の機能的分業の利点を積極的に評価すべきであろう。

3　住民投票制度の法的根拠と類型

超党派の議員立法で

住民投票を法制化する立法形式として、幾通りかが考えられる。地方分権改革の過程において、一部の研究者グループから、地方自治基本法の制定構想が打ちだされた。これは、日本国憲法第八章「地方自治」を踏まえて、自治体の政治・行政制度や組織・運営の基本を示し、細部については自治体が制定する都市憲章にゆだねようとするものである。いわば、アメリカの州—都市自治体の関係をモデルとして、選択的都市憲章方式を日本にも導入しようとするものである。したがって、住民投票についても、地方自治基本法のなかに住民投票の法的根拠を付与し、具体的制度は都市憲章に規定することになる。おそらく、最も理想的なのは、この方法であろう。

しかし、地方自治基本法の制定は、実現までに多くの時間を要せざるをえない。したがって、現実的な方法としては、地方自治法を改正するか、住民投票のための新たな立法を制定するか、このどちらかしかない。立法フォーラムが後者を選択したのは、住民投票問題の重要性を広く社会に訴えるとともに、単一政治課題の実現を図る議員連合が形成されることを願ってである。住民投票の対象にネガティブ・リスト（投票除外事項）を設けさせないためにも、住民投票立法は、超党派の議員立法として制定されることが望ましいといえよう。もちろん、単独立法か地方自治法の改正かの論点は残っており、議員立法によって地方自治法の改正が図られるならば、それもまた一つの選択である。

イニシアチブも盛り込む

ところで、これまでの住民投票は、地域社会に形成された重要争点に関して市民の意思を確認し、自治体としての意思を表明しようとするものであった。言い換えるならば、レファレンダムである。住民投票の類型としては、レファレンダムに加えて、市民が自治立法を発議し投票によって制定の諾否を問うイニシアチブがある。

立法フォーラムの「試案」の作成過程においても、レファレンダムに法的根拠を与えることについては、異論はなかったが、イニシアチブについては、「試案」に含めるかどうかをめぐって議論が展開された。地方自治法の定める条例制定改廃の直接請求制度との関連性をどのように扱うのか、両者を含めた住民投票の根拠法は、地方自治法の改正を必要とするが、レファレンダムのみの根拠法であれば、地方自治法の改正をほとんど必要としない。こうした点が、結論に時間を要した理由であるが、結局、「試案」は両者を含めるものとなっている。

条例の制定改廃の直接請求制度は、有権者の二パーセントの連署があれば発議できるものの、正否の権限は議会が握っている。これまでに三四連敗を重ねる住民投票条例の請求のみならず、消費者保護や景観の保全などの条例制定請求についても、議会はそれを否定する場合が多いのである。したがって、議会に市民との緊張感を持たせ、併せて議会の自治立法能力を強化するために、イニシアチブをも「試案」に盛り込み、住民投票の立法化をもとめることにした。

4　表決の投票と発議の投票

除外事項設けず

「試案」では、レファレンダムを「表決の投票」、イニシアチブを「発議の投票」とした。

表決の投票には、ネガティブ・リストをまったく含めていない。地域社会における争点であるならば、その事業者が当該自治体はもとより、中央省庁、他の自治体（基礎自治体からみたときの都道府県）、民間企業等の法人のいずれであるかに関係なく、後に述べるような一定の要件を整えていれば住民投票を請求できる。このように一切の除外事項を設けなかった理由は、政府や政権党の一部に、高度の科学的・技術的問題や、当該自治体に許認可権限のない事項などを適用除外として、住民投票制度の立法化を図ろうとする動きがあるためである。

右のようなネガティブ・リストを設けることは、地方分権と情報公開を遅らせるものといわざるをえない。吉野川第十可動堰の建設をめぐって建設省は、国の事業であることを強調し、建設に法的権限のない徳島市が住民投票を行うべきでないとした。しかし、この可動堰問題に限られたことではないが、住民投票の対象とされてきた地域的争点は、直轄事業体制ないし、立地手続き体制の集権性を問題視しているのであり、許認可権限のないことをもって住民投票を制限することは、地方分権化を阻むものといわざるをえないのである。

また、吉野川や新潟県巻町の原子力発電所立地に当たっては、以上の論理に加えて科学的・技術的問題には、素人の判断を加えるべきでないとの批判がなされてきた。しかし、過剰なまでの専門家の技術信仰が、茨城県東海村の核燃料加工会社ジェイ・シー・オー（ＪＣＯ）での臨界事故をあげるまでもなく、多くの悲惨な事故を生みだしている。この場合にも、問題視されるべきは、事業計画等の情報公開の徹底であって、素人を「愚民」視することではないはずである。

あえて議会を介在させる

一方、発議の投票は、現行の条例制定改廃の直接請求制度を、完全に否定するものではない。一定の要件を満たして請求された条例案は、首長を介して議会にかけられる。議会がそれを可決すれば、当然成立となる。否決ないし修正可決した場合に、市民が発議した条例案と議会の結果とを住民投票にかけ、投票結果を自治体の意思としようとするものである。

アメリカの都市自治体におけるイニシアチブには、「試案」が選択した方法に加えて、市民の発議した条例案を直接投票にかける方法が存在する。立法フォーラムが、イニシアチブに議会を介在させたのは、自治立法の性格からして、発議後に直接投票にかけるよりも、多様な利益が表出されている議会において時間をかけて審議する方が妥当であると考えたためである。しかし、条例制定改廃請求の審議のように、議会の「面目」がつぶれるとでも考えるのか、ほとんど審議なしの否決を許さないためにも、最終的結論は住民投票によるとした。

実際の条例制定請求は、有権者の二パーセントの連署要件をはるかに超える数の連署をもって請求されており、その内容も法律専門家などのアドバイスを受けて、練り上げられている。こうした市民提案の諾否について審議することは、議会の自治立法能力のありようを、明るみに出すことでもあり、ひいては議会改革につながるといえよう。

5　発議権の所在と投票権者

首長、議員には発議権与えず

さて、いったい、だれが表決の投票と発議の投票を発議するのか。「試案」においては、住民に限定しているが、これは一見、簡単なようだが論議の余地の残る問題である。「試案」の作成過程において、立法フォーラムのなかにも、首長と地方議会議員にも発議権を認めるべきだとの意見があった。首長が発議権を行使するとすれば、表決の投票についてであろう。議会内支持集団がきわめて少数である時、首長は表決の投票によって、自らの考えるところを実現しようとするだろう。

いかなる制度も、それ自体としては価値中立的である。これまで住民投票が「反権力」的に用いられてきたからといって、制度化した時、常にそのように用いられるとは限らない。権力が表決の投票を用いて、ポピュリズム（大衆迎合主義）を喚起し、権威主義的傾向を強めることもありうる。首長は、直接公選による市民の政治的代表機関としての正当性を有しているのであり、議会との対立が生じても二元的代表性の枠内で解決すべきである。この意味では、今年三月に長崎県小長井町が制定した、町長にのみ発議権を認めるレファレンダムは、論外といえよう。したがって、立法フォーラムとしては、首長に発議権を付与すべきでないとの結論に至った。

一方、議会議員については、まず議員が一体となって表決の投票をもとめることは考えづらいことである。発議の投票については、自ら条例の提案権を有しているのであり、基本的に認める必要のないことである。もちろん、議会内の少数派議員が、地域社会の争点に実質的発言権を持たず、また条例案の提出もできない事態に陥ることもありうる。しかし、いかに少数派といえども、支持者はいる。市民が主体となった表決がないし発議の投票を支持することで事足りるであろう。

市民側の責任も増す

「試案」では、発議権と投票権の双方を持つ者は、基本的に公職選挙法の定める有権者とし、そのうえで、発議権と投票権を持つ者を、自治体の条例で拡大できることにしている。現在、国会で審議中の公職選挙法の改正法案では、定住外国人への参政権の付与が盛り込まれているが、在日韓国・朝鮮人をはじめとした定住外国人は納税者なのであり、自治体の政治と行政から無縁のところで生活しているのではない。住民投票に権利を持つことは当然であろう。また、有権者を二十歳以上の日本国籍を有するものとしていることにも、合理的根拠があるわけではない。年齢の引き下げがあってもよい。

いずれにせよ、これは法律をもって全国一律に規定するよりは、地方分権と自治の観点に立って、条例によって発議権者と投票権者を拡大するか否かを決め、自治体間の一種の競争を引き起こす方が適切であると判断した。

表決の投票ならびに発議の投票ともに、請求の要件には、当該自治体の投票資格者の規模に応じて段階を設けている。投票権者が五十万人以下の自治体ではその百分の十以上、五十万人を超え百万人以下ではその百分の八以上、百万を超える自治体では、百分の五以上の連署をもって、首長に請求するものとした。

これらは、いずれも現行の条例制定改廃の請求要件より厳しくなっている。しかし、住民投票を制度化することは、市民の側の責任が増すことでもあり、請求要件のハードルを高める必要がある。もちろん、ハードルの高さについては、責任の重みと権利行使の容易性をいかに考量するかをめぐって、立法フォーラム内部にも議論があり、今後も多様な議論が展開されていくであろう。立法フォーラムとしては、むしろ請求要件をめぐる議論が積極的に展開されることを願っている。

6　投票の管理をめぐる問題

議論深める九十日

「試案」は、表決の投票、発議の投票ともに、首長に請求するとしている。そして、住民投票の執行のために、住民投票管理委員会を設置するとしている。この委員会の設置ならびに運営については、条例で定めることにした。したがって、別途新たに住民投票管理委員会を設ける自治体もあるだろうし、現行の選挙管理委員会に兼務させる自治体もあるかもしれない。いずれにせよ、設置は法律で自治体に義務付けるが、具体的な委員会の構成等につては、自治体が自主行政組織権にもとづいて、決めればよいと考える。

請求の成立した表決の投票は、住民投票管理委員会によって施行される。発議の投票については、首長は請求成立から二十日以内に意見を付して臨時議会を招集し議会の審議に付さなくてはならない。これは現行の条例の直接請求が定める仕組みと同様である。そして、議会が否決ないし修正可決した時には、首長は直ちに住民投票管理委員会に通知せねばならない。住民投票管理委員会は、この通知を受けて九十日を経過した日から最も近い日曜日に、住民投票を実施しなくてはならない。九十日という期間を設けたのは、請求された原案と議会の結論について、市民が議論する時間を必要とすると考えたからである。

ところで、これまでに実施された住民投票においては、投票管理上幾つかの問題点が生じている。一つは投票用紙の形式である。沖縄県名護市で実施された米軍ヘリポートの移設の是非を問う投票では、投票用紙上の選択肢が四つも設定され、住民の意思の把握に問題を残している。「試案」では、賛成・反対の二者択一の形式とし、いずれかに〇を記入する形式としている。

第二の問題は、とりわけ吉野川第十可動堰をめぐる住民投票にみるように、事業者側の情報が公開されなかったことである。「試案」では、住民投票管理委員会は、投票に関する広報を徹底するとともに、首長もまた情報公開を徹底することを定めている。住民投票に情報の積極的提供と公開が重要であるのは、いまさら言うまでもなかろう。この情報公開の徹底は、投票用紙の形式を二者択一とするためにも、必要である。

戸別訪問も自由に

第三に、投票ならびに開票事務は、公職選挙法に準じて、条例で定めるとしているが、徳島市の住民投票条例にみるように、投票率による開票の制限を認めているわけではない。いかなる投票率であろうとも、開票されなくてはなるまい。また、投票運動において、買収や供応、投票の妨害などが行われてはならないのは当然であり、これには罰則規定を盛り込んでいる。しかし、賛成派・反対派のいずれであっても、戸別訪問を禁止するものではない。もともと、公職選挙法が戸別訪問を禁止しているること自体、性悪説に立っておりおかしなことである。運動は自由に行われるべきであり、買収等の行為に罰則規定を定めれば十分であろう。

7　投票の効力と法的効果

「試案」は、表決の投票ならびに発議の投票ともに、有効投票の過半数の票が、投票資格者総数の三分の一を超えた時には、その票の示す意思が自治体の意思として確定をみる、としている。表決の投票については、改めて説明することもないであろう。発議の投票においては、市民の発議した条例案と議会の結果が投票にかけられる。どちらかの支持票が、右の要件を満たせば、それが自治体の意思である。

投票の効力に絶対得票率（投票資格者総数に占める得票数の割合）を用いたのは、選挙分析でも同様であるが、相対得票率（有効投票総数に占める得票数の割合）よりも市民全体の意思を反映していると考えるからである。

首長や議会に責務生じる

ところで、これまで住民投票が実施されるたびに、「法的拘束力がない」といわれてきた。もちろん、巻町の原発立地、岐阜県御嵩町の産業廃棄物処分場の建設、そして吉野川第十可動堰建設などは、いずれも当該自治体に許認可等の法的権限は存在しない。その意味で、投票結果がいかなるものであれ、それは事業者や許認可権限者の行動を拘束するものではなく、法的拘束力がないといえる。

しかし、こうした限定された意味でのみ「法的拘束力」を用いるのは、間違いである。住民投票条例を定めて実施した投票は、自治体の意思として行われたのであり、その結果は、自治体の首長ならびに議会の行動を拘束する。当該自治体に許認可権や事業実施権限がない事業であっても、仮に住民投票によって反対の意思が確認されたならば、首長や議会には、その実現に向けて最大限行動する責務が生じる。彼・彼女らには、この結果を無視した行動は許されないのである。

また、若干次元の異なる問題であるが、九九年十一月の巻町の町長選挙では、原発推進派が町長に当選すれば、原発容認に町の意思が変わるともいわれた。それゆえに、現職町長は、専決処分権限の範囲内において、炉心部分の建設予定地である町有地の一部を、自らの支持者である原発反対派住民に売却した。こうした考え方および町長の行動は、住民投票についての法的効果を誤解している。住民投票条例にもとづき確定した意思は、首長選挙によって覆るものではない。どうしても、その結果を覆したいと考えるならば、新たな住民投票を実施して、住民の意思を再確認せねばならないはずである。しかし、だからといって、同一事案についての住民投票が乱発されてはなるまい。

二年間は再請求できず

さて、「試案」では、住民投票の結果に法的拘束力を持たせている。表決の投票においては、許認可権限が当該自治体にある事項については、首長は住民投票の結果にしたがって行政処分行為等をせねばならない。許認可権限のない事項については、首長と議会は、住民投票の結果にもとづいて行動する責務がある。発議の投票については、住民投票の結果が、発議された条例案の成否を決めることになる。

また、巻町にみるような住民投票の効果についての誤解を避けるために、「試案」では、再請求について制限を設けた。つまり、住民投票の結果が告示された日から二年間が経過するまでは、何人も同一の事項について住民投票を請求することができない。また、発議の投票によって成立した条例についてては、成立の日から二年が経過し、かつ選挙によって議員が改選されるまでは、地方議会はその条例を廃止または改正できない。これらは、ある意味で当然の規定であるが、住民投票制度が自治体の政治と行政を混乱に陥れるといった批判を回避するための規定でもある。

8　早期の法律制定と周辺整備の課題

問われる既存法制度との整合性

ところで、立法フォーラムのこれまでの作業は、住民投票制度の根拠法案を作成することに費やされてきた。それゆえ、「試案」のような立法化が実現するとしても、その執行にかかわる周辺法体制の整備問題には、検討が及んでいない。

少し具体的にいうと、仮に表決の投票で自治体に許認可権限のある自治事務ないし法定受託事務について、許認可反対の意思が表明されたとする。このとき、その結論は、許認可等を定めた個別法ならびに行政手続法・行政手続条例との整合性が問われることになる。この問題を放置するならば、民間事業者等は、住民投票の結果といえども、司法の場に訴え自治体が敗訴することもあり得る。表決の投票に意義を持たせるためには、多数の行政作用法ならびに行政手続法・行政手続条例と住民投票立法との関係を再設定せねばならない。

また、発議の投票については、地方自治法第七四条等の削除・住民投票立法へのレファレンダム規定を必要とするが、それだけではない。地方自治法第一四条の定める条例制定権の制限を緩め、憲法第九四条のいう「法律の範囲内で条例を制定することができる」との規定に改めねばならない。

こうした住民投票立法の執行にかかる周辺法体制の整備作業は、かなり膨大なものとなるであろう。立方フォーラムとしても、今後、この問題について検討を加えていきたい。ただし、この作業の基本的考え方は、住民投票立法を「主」とし他法を「従」とするものでなくてはなるまい。住民投票立法の国会審議においても、この考え方が維持されるべきである。

9 むすび

政府や政界関係者の多くは、日本が「先進民主主義国」であることを、折にふれて強調する。しかし、欧米諸国と比べて、これほど議会制が重視され、国民投票・住民投票に否定的な国もない。他方で市民の多くは、肝心の議会制の中身について疑いの眼差しを向けている。議会制の過剰なまでの重視は、「後進民主主義国」を物語っているといえよう。

民主主義の基本は、自治・共和である。それを基本としつつも、大規模社会の具体的な政治制度として民主主義政体を設計する際には、代議制民主主義に重点を置かざるをえない。ただし、代議制は直接民主主義制度によって補完され、かつそれとの緊張関係を保つことによって躍動するのである。

この意味で、住民投票制度の創設は、日本の民主主義にダイナミズムを回復する試金石となるといってよい。

（住民投票立法フォーラム・ホームページは以下の通り。http://member.nifty.ne.jp/subjy/）

住民投票に関する特別措置法案（住民投票立法フォーラム提出試案）

第一章　総則

第一条〔目的〕　この法律は、地方公共団体に関わる事項に住民の意思を的確に反映させる手続を設けることにより、住民参加を促進し、もって地方自治の発展に資することを目的とする。

第二条〔適用〕　この法律は、普通地方公共団体、特別区及び広域連合（以下「地方公共団体」という。）に適用する。

第三条　この法律において「住民投票」とは、表決の投票及び発案の投票をいう。

第四条　この法律において「表決の投票」とは、特定の事案（次項に定めるものを除く。）について住民に賛否の判断を求める投票をいう。

2　この法律において「発案の投票」とは、条例の制定改廃を行うために条例案を提出し、当該条例案について住民に賛否の判断を求める投票をいう。

第五条〔住民投票管理委員会〕　住民投票は、住民投票管理委員会が執行する。

2　地方公共団体の長は、この法律による住民投票を執行するために、住民投票管理委員会を設置しなければならない。

3　住民投票管理委員会の設置及び運営については、条例で定める。

第六条〔投票資格者〕　この法律において「投票資格者」とは、第八条第一項の規定による住民投票の投票を行う資格を有する者をいう。

2　地方公共団体の議会の議員及び長の選挙権を有する者は、投票資格者とする。

3　前項の選挙権を有する者とは、公職選挙法（昭和二十五年法律第百号）第二二条の規定による選挙人名簿の登録が行われた日において、選挙人名簿に登録されている者とする。

4　地方公共団体は、第二項に定める者のほか、条例で定める者を投票資格者とすることができる。

第七条〔投票資格者名簿〕　住民投票管理委員会は、投票資格者名簿を調製しなければならない。

第二章　住民投票

第八条〔住民投票の請求〕　地方公共団体の投票資格者は、当該地方公共団体に関わる事項（将来において当該地方公共団体に重大な影響を及ぼす事項を含む。）について政令の定めるところにより、次の各号に掲げる数の連署をもって、地方公共団体の長に対し、住民投票の実施を請求することができる。

一　投票資格者数が五十万以下の部分についてはその百分の十

二　投票資格者数が五十万を超え百万以下の部分についてはその百分の八

三　投票資格者数が百万を超える部分についてはその百分の五

2　地方自治法（昭和二十二年法律第六十七号）第七四条第五項から第七項、第七四条の二及び第七四条の三の規定は、第一項による署名収集に準用する。

3　前項の場合において、地方自治法の規定中「条例の制定又は改廃の請求者」とあるのは「住民投票の請求者」と、「選挙権を有する者」とあるのは「投票資格者」と、「選挙管理委員会」とあるのは「住民投票管理委員会」と、「選挙人名簿」とあるのは「投票資格者名簿」と読み替える。

第九条〔表決の投票〕　表決の投票に付託する事項は、二者択一で賛否を問うものとし、かつ、住民が容易に内容を理解できるように設問を設定しなければならない。

2　前条第一項の規定により表決の投票の請求があったときは、当該地方公共団体の長は、直ちに住民投票管理委員会に通知しなければならない。

第一〇条〔発案の投票〕　第八条第一項の規定により発案の投票の請求があったときは、当該地方公共団体の長は、当該請求を受理した日から二十日以内に議会を招集し、意見を附けてこれを議会に付議し、その結果を同項の代表者に通知するとともに、これを公表しなければならない。

2　前項の場合において、議会が当該条例案を否決したとき又は当該条例案の修正案を可決したときは、地方公共団体の長は、直ちにその結果を住民投票管理委員会に通知しなければならない。

3　前項の通知があったときは、住民投票管理委員会は、当該条例案及び当該条例案の修正案を投票資格者の投票に付さなければならない。

4　前項の場合において、当該条例案が否決されたときは条例案に対する賛否を二者択一で問うものとし、修正案が可決されたときは原案と修正案のいずれに賛成するかを二者択一で問うものとする。

第一一条〔投票の執行〕　住民投票の期日は、第九条第二項又は前条第二項の通知があった日から九十日を経過した日に最も近い日曜日とする。

2　住民投票管理委員会は、第九条第二項又は前条第二項の通知があったときは、直ちに投票の期日、投票方法その他住民投票の実施に必要な事項を告知しなければならない。

第一二条〔広報〕　住民投票管理委員会は、前条第二項の告示後相当な期間内に、住民投票の請求の要旨、投票期日、投票方法を明記した広報を投票資格者に配付しなければならない。

2　前項の広報には、住民の判断を助ける資料を掲載するように努めなければならない。この場合において、住民投票管理委員会は、投票に付託する事項に関する意見を公平に扱わなければならない。

第一三条〔情報公開〕　地方公共団体の長は、第八条第一項の請求があった場合には、請求に係わる事案に関する行政上の資料を公開しなければならない。

2　前項の場合において、地方公共団体の長は、法律又は条例により不開示とされた情報を含む資料についても、公益上必要があると認めるときは、これを公開することができる。

第一四条〔関連行政事務の一時停止〕　地方公共団体の長は、第八条第一項の請求があったときは、他の法令の規定にかかわらず、住民投票の結果が確定するまでの間、投票に付託する事項に関する一切の事務（その執行が明らかに投票結果に反することとならないものを除く。）を停止しなければならない。ただし、住民の生命、身体、財産に対する回復困難な損害を避けるために緊急の必要がある場合はこの限りではない。

第一五条〔投票の方法〕　投票資格者は、投票所において、投票資格者名簿又はその抄本の対照を経て投票しなければならない。

2　住民投票は秘密投票とする。

3　投票は一人一票とする。

4　表決の投票については、投票資格者は、設問に賛成するときは投票用紙の賛成欄に、反対するときは反対欄に自ら○の記号を記載し、投票箱に入れなければならない。

5　発案の投票で条例案を問うものについては、投票資格者は、条例案に賛成するときは投票用紙の賛成欄に、反対するときは反対欄に自ら○の記号を記載し、自ら投票箱に入れなければならない。
6　発案の投票で条例の原案と修正案の賛否を問うものについては、投票資格者は、原案に賛成するときは投票用紙の原案の欄に、修正案に賛成するときは修正案の欄に自ら○の記号を記載し、投票箱に入れなければならない。

第一六条〔投票の効力〕　投票の効力の決定に際しては、第二項の規定に反しない限りにおいて、投票した者の意思が明白であれば、その投票を有効とする。
2　次の各号のいずれかに該当する投票は、無効とする。
一　所定の投票用紙を用いないもの
二　○の記号を投票用紙の賛成欄及び反対欄のいずれにも記載したもの
三　○の記号を投票用紙の賛成欄又は反対欄のいずれに記載したのか判別し難いもの

第一七条〔投票及び開票〕　投票所、投票時間、投票管理者、投票立会人、代理投票、不在者投票その他住民投票の投票及び開票に関する事項については、公職選挙法の例に準じて条例で定める。

第一八条〔投票結果の確定〕　住民投票管理委員会は、投票結果が確定した場合には直ちにこれを告示し、地方公共団体の長及びその他の執行機関に報告しなければならない。

第一九条〔住民投票の結果〕　表決の投票の有効投票のうち、賛否いずれか過半数の結果が投票資格者の総数の三分の一以上に達したときは、地方公共団体の長及び議会を拘束する。
2　発案の投票で条例案の賛否を問うものの有効投票のうち、条例案に賛成する投票が過半数となり、かつ、投票資格者の総数の三分の一以上に達したときは、当該条例は成立したものとする
3　発案の投票で条例の原案と修正案の賛否を問うものの有効投票のうち、原案又は修正案のいずれか過半数

の結果が投票資格者の総数の三分の一以上に達したときは、当該条例は成立したものとする
4　前三項において、地方公共団体の長その他の機関に許認可等の処分を求める申請で当該許認可等をすることにより投票結果に反することとなるものがあるときは（既に処分が行われたものを除く。）、他の法令の規定にかかわらず、地方公共団体の長その他の機関は、当該申請を不許可としなければならない。
第二〇条〔再請求の制限〕　この法律による住民投票が実施された場合には、結果が告示された日から二年間が経過するまでは、何人も同一の事項について住民投票の請求をすることができない。
2　この法律による発案の投票が実施され、条例が成立したときは、成立の日からあ二年以上が経過し、かつ、選挙により議員が改選されるまでは、地方公共団体の議会は、当該条例を廃止又は改正することができない。

第三章　争訟

第二一条〔不服申立〕　住民投票の結果に不服がある投票資格者又は利害関係を有する者は、第一八条の告示の日から十四日以内に、当該住民投票に関する事務を管理する住民投票管理委員会に対して文書で異議を申し出ることができる。
2　前項の規定により、市町村の住民投票管理委員会に対して異議を申し出た場合において、その決定に不服がある者は、その決定書の交付を受けた日から二十一日以内に、文書で当該都道府県の住民投票管理委員会に審査を申し立てることができる。
中略（3項～6項）
第二二条〔訴訟〕　前条第一項又は第二項による都道府県の住民投票管理委員会の決定又は裁決に不服がある者は、当該決定書の交付を受けた日から三十日以内に、当該都道府県の住民投票管理委員会を被告として、高等裁

判所に訴訟を提起することができる。
中略（2項～5項）
中略（第四章　二三条～二六条〔買収、投票妨害など〕）
第二七条〔委任〕　この法律の施行に必要な事項は、政令及び条例で定める。
（「地方行政」二〇〇〇年四月二七日号・二〇〇〇年五月八日号、時事通信社）

教育行政と地方分権化

【改革のための論点整理】

戦後日本の自治体教育行政制度の根幹に位置してきたのは教育委員会である。戦後改革時の一九四八年に施行された教育委員会法は一九五六年に廃止され、新たに地方教育行政の組織と運営に関する法律（以下「地方教育行政法」とする）の制定をみた。この法律によって教育委員の直接公選制が廃止されたばかりか、教育委員会の予算案編成権限や条例案の提出権限に制約が加えられた。

教育行政法学や教育行政学の学者らは一般に、教育の政治的中立性を担保する民衆統制の否定として、今日にいたるまで地方教育行政法にネガティブな評価をあたえている。しかし、地方教育行政法下の教育委員会制度は、自治体政治部門（首長と議会）の完全な影響下にあるだろうか。実態としていえば、教育委員会は首長のインフレンスから相当程度独立している。だが、この「独立」は、教育委員会が人事、予算、条例制定権を制約されながらも、なお自立性を維持していることを意味していない。文部科学省を頂点とする行政系列に支えられた、自治体政治部門からの「独立」であるといってよい。

教育行政の学者らは、教育委員の直接公選制の復活あるいはそれに準じた委員選任方法の導入を主張している。それは地方分権改革による自治体の自立論調に支えられて、再び勢いを増しているようにもみえる。しかし、不思議なことに文部科学省から市町村教育委員会にいたる行政系列の根本的改革には、ほとんど言及されることがない。

本稿は、地方分権改革が時代の趨勢といえる状況下において、教育委員会制度が自治体教育行政組織として妥当であるのかを、教育学者らの論調に配慮しつつ考察してみようとするものである。

1　教育行政における地方自治認識

二元的代表制と行政委員会

戦後自治体改革によって自治体とりわけ基礎自治体の行政権限は、飛躍的に拡大された。そしてこの拡張した行政権限に関する意思決定は、いわゆる二元的代表制を基本とするとされた。都道府県の行政領域は戦前期の「普通地方行政機関」としての知事の事務・事業を引き継ぐものであり、領域自体の飛躍的拡張はみられない。しかし、実質的に中央各省の地方行政区画であった府県は、知事直接公選制の導入によって自治体としての制度的体裁を整えることになった。もちろん、こうした改革の裏面において機関委任事務制度の導入により、府県・市町村ともに「完全自治体」とはいい難い要素を残した。

ともあれ、地方自治は住民の直接公選によって選出された首長と議会なる二元的政治部門の影響下に行政各部をおくことによって、実現に向けて歩みだした。首長の統轄下に行政各部をおくことによって、首長の政治責任と説明責任を明確にするとともに、議会さらには住民による統制を可能とするシステムは、民主主義的政治体制の理念に根差すものであった。

ところで、首長統轄を基本としながらも、自治体の政治・行政制度には、首長統轄から相対的に「独立」したシステムが、行政委員会制度として導入された。都道府県レベルにおいては、教育委員会、選挙管理委員会、人事委員会、公安委員会、地方労働委員会、収用委員会、海区漁業調整委員会、内水面漁場管理委員会がそれらであり、市町村レベルにおいては、教育委員会、選挙管理委員会、人事委員会（公平委員会）、農業委員会、固定資産評価審査委員会がそれらである。

地方自治法はこれらの行政委員会を首長とならぶ「執行機関」と位置づけているが、これら行政委員会の機能を概括するならば、教育委員会（あえていえば公安委員会）と他の行政委員会とでは、明らかにカテゴリーを異にしていよう。一般に行政委員会の機能領域とされているのは、政治的中立（より正確には政党政治からの中立）を基礎前提として第三者的な紛争の調停・仲裁を必要とする行政領域であるといってよい。それゆえにまた、行政委員会には準立法的、準司法的権能があたえられてきた。選挙管理委員会、人事（公平）委員会、地方労働委員会などは、まさに政党政治あるいはそれに立脚した特定集団の介入を排除しつつ事務を管理するとともに、紛争の調停などをはたすために設けられてきた。地方自治法上の執行機関といっても、これらの行政委員会の事務領域はきわめて限定されている。

これに対して教育委員会は、なるほど「教育の政治的中立性」を存在証明としているものの、紛争の調停や仲裁のために設けられているわけではない。また、選挙管理委員会のようにきわめて限定された特定事務の管理を行っているわけでもない。学校教育から社会教育・社会体育などの生涯学習にいたる広範な事業を所管し、個別具体的な事業を管理している。さらには校舎をはじめとする諸施設の建設事業を管理している。「教育の政治的中立性」の確保のためには、行政委員会制度による行政執行を必要としているとされる。だが教育委員会には、広範な教育行政領域における「独立」行政庁としての色彩が濃厚である。この意味で、教育委員会は現行の自治体行政委員会のなかで特異な存在である。

民衆統制論の視野限定

「教育の政治的中立性」を守るためには民衆統制を必要とする。これは繰り返し教育学者を中心として主張されてきた。しかし、肝心の「教育の政治的中立性」とは具体的に何を意味しているのかは、掘り下げて議論されないままである。戦後憲法体制下の教育政策のあり方をめぐる議論においても、「教育の政治中立性」は自民党政権の側から教育政策の正当化の論拠として展開されてきた。他方で戦後革新勢力の側も、政権の教育政策に対して「教育の政治的中立性」を侵すものと絶えず批判してきた。

公教育において特定の国家的価値や宗教的価値の強制があってはなるまい。児童・生徒の信条に配慮しない特定の行動の強制があってはならない。だが、「教育の政治的中立性」の確保が教育を受ける権利と結びつけて論じられるとき、問題領域はそこにとどまらない。費用の負担から教科の具体的内容、教員の信条、さらには教員の採用や評価をふくめた学校管理の具体的システムにまで限りなく波及していく。「教育の政治的中立性」を神学論争としないためには、具体的判断基準と判断システムに議論は進まねばならないのである。

しかし、そのような議論は深められないまま、民衆統制の強化が「教育の政治的中立性」と教育を受ける権利を保証するとされてきた。戦前期の公教育は天皇制支配を補強する皇民教育としての色彩を濃厚としていた。したがって、その対極としての教育の民衆統制論には歴史的意義がある。とはいえ、今日に続く民衆統制論は、具体的なシステム設計を視野に収めたものとはいい難いのではないか。民衆統制を強調するにしても、そこには多様な形態が考えられよう。イギリスでは執行機関であり議決機関であるカウシル内の教育委員会が、職員機構である教育局を管理してきた。さらに一九八八年の教育行政改革法は、カウンシル・教育委員会の権限を学校ごとに設けられた学区内住民と学校長から構成される理事会（executive board）に大幅に移管した。一九八八年教育行政改革法の評価は一様でないものの、これもまた民衆統制の具体的一形態であることに変わりはない。あるいは、戦後地方自治の民主改革によって知事・市町村長の直接公選が実現し、首長に対する統制制度も整えられたのだから、首長のもとに教育行政を一元化することも、教育に対する民衆統制の有力形態である。さらには、初等・中等教育についていうならば、学校区を特定目的の地方政府と位置づけ独自の課税権をもち、学区住民による公選の執行機関に教育行政をゆだねることも、教育に対する民衆統制システムである。

こうして、教育行政への民衆統制モデルは、行政委員会としての教育委員会制度のみに代表されるものではない。ましてや、教育委員会が法制度として存在することを基礎前提として、教育委員会法時代の権限・形態を復活せよとの議論は、なぜそうでならねばならないのかを論証するものではない。教育委員の準公選さらには公選制が、「政治的公選の長から（離れて—引用者）住民との直接のつながりで文化的に（教育の—引用者）独立を支える」[1]では、説得力に欠けるといわざるをえない。

戦後改革と教育行政機構の一元化

そもそも、戦後改革時点に立ち返ってみるならば、教育委員会制度は純粋に教育行政の民衆統制のために構想されたのであろうか。戦後改革時に中央行政機構の再編成や各省の設置根拠の民主化が政治的アジェンダとされた。天皇制支配の一翼を担ってきた文部省の廃止までふくめた機構改革もまた、当然戦後改革の俎上にのせられた。

一九四六年三月に来日した米国教育使節団は、教育課程や教授法、人事に関する文部省権限の廃止、視学官制度の廃止、公立初等・中等学校に関する教育行政権限の都道府県・市町村への移管、都道府県・市町村に政治的に独立し一般民衆の公選で選ばれた委員からなる教育委員会を設置すべきこと、などを勧告した。その後、日本政府側の設けた教育刷新会議は、文部省に替えて中央教育委員会と文化省の設置（一九四七年十二月、第九回建議）を提案し、さらに一九四八年二月、同会議は、文化省は文化への政治の介入を招きかねないとするＧＨＱの異論を受けて、学芸省構想を提起した（第十一回建議）。

この中央教育委員会と学芸ないし文化省構想は、戦後中央行政機構を検討した行政調査部の「新憲法体制下の行政機構改革の方針」（一九四七年十二月）においても提起されている。少なくとも、一九四八年初頭までの段階では、文部省は廃止の運命にあったといってよい。しかし、陸軍省、海軍省に続き内務省も廃止されたが、文部省は廃止されなかった。平原春好は、その理由として松村喬や海後宗臣の著作を引用しつつ、文部省を残しておいた方が教育条件の整備にとって効果的とする教職員組合のGHQへの度重なる陳情、文部省の全国的統制力が占領統治に不可欠としたGHQの判断、などをあげている。だが、彼自身が行間で語るように、文部省生き残りは依然として謎なのである[2]。

ところで、教育委員会制度が米国教育使節団から提起されたことは疑いえないが、それに類する構想は、文部省サイドからも構想されていた。戦後地方自治改革の過程において内務省と文部省は、鋭い対立関係にあった。一九四六年の都制、府県制、市制・町村制の第一次改正から四七年の地方自治法の施行にいたる地方制度改革の基調は、自治体を首長のもとの総合的行政体と位置づけるものであった。もちろん、その一方において機関委任事務制度の導入は、中央各省の首長に対する割拠的な統制を制度的に保証するものであり、総合的行政体とは制度の外形にほかならない。しかも、一九四七年十二月の内務省の廃止と分割は、割拠的統制をより細分化するものであった。

しかし、文部省はこの地方制度改革の基調に真っ向から対立した。そして、GHQの日本の内政構造改革に関する主たるターゲットは内務省であり、文部省に対するGHQの眼は比較的温和であったともされる。荻原克男による戦後教育行政改革に関する研究は、この対立関係を詳細な史実に基づいて分析している。彼の研究にしたがえば、田中耕太郎、前田多門、内藤誉三郎らの地方教育行政の改革構想は、その時々において細部を異にしている。しかし、それらは教育行政の一般（内務）行政からの「分離」・「独立」論であり、「教育改革固有の論理」として追求された[3]。

結局のところ、廃止を免れた文部省は、一九四九年に制定された文部省設置法のもとにおいて、地方教育行政への指導・助言を主たる任務とするとされた。他方、米国教育使節団の勧告を「お墨付き」とする教育委員会は、新たな文部省設置法に先だって法制化された。一見すれば、文部省と地方教育委員会は、分離・独立の関係にあるかのようにみえる。だが文部省は、指導・助言行政を任務とすることによって、文部省→都道府県教育委員会→市町村教育委員会なる専管的かつ一元的な行政系列を形成し、戦後自治体改革の基調に与することなく生き残ったのである。

このようにみるならば、戦後教育行政改革は一般に、「地方分権的」であり「民衆統制に根差すもの」と評価されるが、それは戦前期の強力な国家統治との対比において、いいうるにすぎないであろう。国家行政組織法にもとづき内閣の統轄下におかれた文部省が、初等・中等教育に関する指導・助言行政を所掌事務とするとき、限定された行政領域における民衆統制は、政治的影響力を縦横に発揮できるだろうか。しかも、教育委員会はアメリカの学校区のような特定目的の地方政府の執行機関ではない。加えて、当時から今日にいたるまで自治体の税財政構造は集権的である。指導・助言行政が補助金行政と結びつくとき、文部官僚機構は国家的統制指向を濃密とする。政治的公選の首長からの独立が、教育行政の自治の課題なのではなく、内閣統轄の官僚機構からの独立こそが課題なのである。しかし、この命題の追求は、戦後改革初期から放棄されてきたといってよい。

2 教育委員会による民衆統制の虚構

教育委員会と専門職

教育行政学の教科書として定評の高い平原春好の『教育行政学』は、「教育行政は行政らしからぬ行政」という。それは「国や地方公共団体が、地方公共団体や私人の教育活動を奨励し援助するために、『指導、助言、援助を行ったり、経費の補助を行うこと』に主力を置く行政であるという意味」とする。さらに彼は、「助言と指導の概念は、天下り的、権力的行政ではなく、精神的な権威に裏打ちされた、教育現場の必要と要請に即して行われるサービス行政であり、援助行政」であり、「これこそまさに、指導行政や助言と指導の行政の本来的な意味合いを明らかにしたもの」とする。教育行政学者の著作に散見される文部省＝サービス・ビューロー論とそこらからの変容論も、まさにこうした指導・助言・援助・補助を根幹とする教育行政概念に立脚するものといえよう[4]。

平原をはじめとする教育行政や教育行政法学の学者には、別個に「ふつうの行政」に関する概念（あるいは観念）が存在しているのかもしれないが、右のような限りでは、特段に教育行政をもって「行政らしからぬ行政」とはいえない。教育行政より直接的には旧文部省初等中等教育局の許認可権限の件数は、比較的限られてきた。そしてまた二〇〇〇年四月の地方分権改革によって全廃されたものの、機関委任事務件数も少数であった[5]。

行政法学が用いる権力的行政と非権力的行政の概念区分にしたがえば、教育行政は非権力的行政のカテゴリーに属するともいえよう。しかし、権力的行政と非権力的行政なるカテゴリーが、法解釈上の用具として必要であるとしても、それは行政執行の実態を説明するものではない。

警察行政までふくめて行政処分行為の前段におかれてきたのは、対象（クライアント）への指導・助言であり、それらを一切欠いた行政処分は例外に属す。行政処分を定める実定法に前段での指導・助言が定められていないばあいにも、官庁は設置法令を援用して指導を行ってきた。行政処分と直結しない問題事象に対する指導・助言も通常のことであり、財政上の補助にしても突如として官庁側から補助が決定されることなどありえない。しかも、官庁側の論理としていえば、これらの指導・助言・援助・補助は、現場の必要と要請を背景として行われている。それどころか、指導・助言なるものの多くは、官庁側とクライアントとの「共同統治ルール」であるといってよい[6]。この限りでいえば、ある意味で文部省のみならず多くの官庁は、教育学者らのいう「サービス・ビューロー」であるといってよい。

したがって、教育行政の関連法令や設置法令が指導・助言を行政の基本としていても、そこから教育行政を「行政らしからぬ行政」ということは、教育行政の特性をあらわしているとはいえない。ただし、平原の教育行政概念の定義にみられる特徴は、「精神的権威に裏打ちされた」の文言である。教育行政組織を特徴づけているのは、その実態がどの程度のものであるかはともかく、専門職の連鎖であるといってよい。

文部科学省初等中等教育局→都道府県教育委員会事務局（教育庁）→市町村教育委員会事務局→学校にいたる行政系列は、初等中等教育局担当官・都道府県教育長と指導主事・市町村教育長と指導主事・学校長・各種主任・教員のプロフェッションの連鎖でもある。この連鎖において、都道府県教育長も市町村教育長も戦後初期ほどには教育の専門家によって占められておらず、一般職行政職員が就任する傾向にあるとされている。しかし、一九九九年度まで都道府県教育長の文部大臣による事前承認（さらにいえば事前面接）が行われており、さらには市町村教育長の都道府県教育委員会による事前承認制がとられてきた。このシステムは、文部省と地方教育委員会が上級―下級行政庁関係にないとはいっても、明らかに「上級機関」の「精神的権威」への同調をもとめるものである。ましてや文部科学省キャリア組官僚が都道府県教育長に「出向」するケースにあっては、同調の要請を越えて「権威」の代理人派遣という以外にない。

教育長にもまして専門職連鎖の中核を構成しているのは指導主事である。現行の地方教育行政法は、指導主事について「上司の命を受け、学校における教育課程、学習指導その他学校教育に関する専門的事項の指導に関する事務に従事する」とし、さらに「教育に関し識見を有し、かつ、学校における教育課程、学習指導その他学校教育に関する専門的事項について教養と経験がある者でなければならない」（第一九条第三・四項）としている。

教育行政における指導・助言行政が実態として「上意下達」的要素をふかめているのは、教育なる活動の「専門技術性」に裏打ちされたプロフェッションの連鎖に負うところが大きいといえよう。まさにそれは、他者の介入を拒む「精神的権威」となって外部に立ち現われる。教育行政を仮に「行政らしからぬ行政」というならば、その要因のひとつはここにある。

民衆統制＝素人統制の「後退」

先にもふれているが、教育行政や教育行政法学の学者のあいだでは、教育委員会法から地方教育行政法への転換によって教育への民衆統制が後退したと評価される。しかし、この「後退」とはいかなる意味であろうか。

たしかに、地方教育行政法の施行によって教育委員の直接公選制が廃止された。荻原克男の研究によれば、公選制廃止によって最も大きく変化したのは、教員経験者委員の後退である。都道府県教育委員のうち教職員経験者が占める割合は、公選期最後の段階（一九五二年十月以降）において五〇・八パーセントであったのが、地方教育行政法のもとの新委員会では、二七・四パーセントまで低下している。教育委員会制度の発足当時までさかのぼれば、都道府県教育委員のうち現職教員は三四・四パーセントであり、これに前歴を加えるならば教員経験者は実に七一・六パーセントにのぼる[7]。教育委員の直接公選制の廃止には、日教組の教育委員会への進出を排除する目的があったとされる。

いずれにせよ、教育委員会法は、教育行政の民衆統制を実現したものといわれるが、以上の実態は公選時代の教育委員会が多様な職歴をもつ委員から構成されたわけではないことを示していよう。民衆統制を素人統制（layman control）としてとらえるならば、地方教育行政法のもとの方が、多様な職歴・経歴をもつ委員から構成されている。

教育委員会が発足当初より自治体の教育行政のあり方や学校管理にいたるまでの基準の作成とそれにもとづく指導権限を有していたならば、直接公選制の廃止は、たしかに民主的制度の後退である。しかし、はたしてそのようにいえるのか。これは後にまた述べるが、当初より文部省初等中等教育局は、地方教育行政の素人統制の背後において事務局指導を指向してきたのである。

教育委員の直接公選制廃止とならんで民衆統制の「後退」論を構成するのは、文部省権限の強化と教育委員会の職務権限規定による「タテ」の系列化・組織化である。文部省権限の強化については、地方教育行政法の制定に先立つ一九五二年に文部省設置法の改正が行われている。地方教育行政法への布石として設置法改正をみるならば、最も重要な改正点は指導・助言に加えて地方教育委員会への勧告権が規定されたことであり、学習指導要領作成が恒久的事務とされたことである。そして、地方教育行政法では、教育委員会の「事務」は「職務権限」と書き改められたのに加えて、「教科内容及びその取扱」が「学校の組織編制、教育課程、学習指導、生徒指導及び職業指導」と改められ、教育委員会の職務権限の拡大と文部省との連係が強化された。指導主事の職務についても、教育委員会法が「教員に助言と指導を与える。但し、命令及び監督をしてはならない」（第四条）としていたものが、先に示したように書き改められた。これによって、指導主事はタテ系列の専門職連鎖において、初等中等教育局の意思を学校現場に伝える「装置」としての機能を強化したのである。

指導と専門職統制

たしかに、一九五二年の文部省設置法の改正と続く地方教育行政法の制定以降、自治体教育行政に対する文部省の指導・助言の名による「統制」は、一段と強化をみた。指導・助言の密度が高まったことは事実であるが、もともと平原のいう教育行政の「特殊性」論は、教育委員による民衆統制に実態をもたせるものであったとはいえまい。

占領下の文部省はＧＨＱの民間教育情報部（ＣＩＥ）の監督下にあった。教育委員会に対する通知・通達は、ＣＩＥの審査を受けねばならなかった。こうした制約を回避するために創設されたのが教育委員会月報であったとされる[8]。これは文部省と教育委員会の意思の伝達手段として使われていった。そこには、教育行政をあくまで「精神的権威」に根差すものとする伝統的認識の存続をみることができよう。

地方教育行政法のもとで教育委員会は、学校の組織編制、教育課程、学習指導、生徒指導および職業指導に関する「職務権限」を有している。しかし、これらの職務権限は教育委員会の裁量によって決定できるわけではない。学校教育法と施行規則の制約を受けるし、文部省設置法による制約を受けてきた。たとえばその典型は法的拘束力をもつとされる学習指導要領であろう。一九五八年に文部省告示として定められたが、それは国家行政組織法と文部省設置法にもとづくとされてきた。しかし、この問題はこれまで度々指摘してきたように、日本の行政法学が行政組織法令のみをもって権限行使が可能であるのかを、熟慮していないからこそ引き起こされたというべきであろう[9]。

ともあれ、地方教育行政法は、職務権限に関する教育機関の管理運営についての基本事項を教育委員会規則（学校管理規則）として定めることをもとめている。学校管理規則の個々の問題点を指摘することは、ここでの課題ではない。指摘しておきたいことは、学校管理規則の制定にあたって、学校教育法施行令・施行規則、さらにはそれらをもとにした指針の遵守がもとめられることである。こうして、教員委員会事務局レベルでの学校管理規則の作成には、法令や告示・ガイドラインに「忠実」な指導主事がリーダーシップを発揮するとともに、彼らはそれに基づき学校現場への指導にあたることになる。

教育行政学は、教育の民衆統制とならんで「学校の自治」を強調する。けれども、学校現場は階統制的構造を深めている。教頭、校長昇任試験が校長の推薦を要件とするとき、学校管理規則とそれにもとづく指導への「忠誠度」が有力な評価基準とされ、学校管理に関するタテ系列の指導が浸透する土壌が形成されている。

一方、学校の設置については、これまた学校教育法のみならず義務教育諸学校国庫負担法ばかりか、理科教育振興法、産業教育振興法、へき地教育振興法といった個別教科ごとの法律によって、教育施設の基準が定められている。さらにこれらに付随して、学校施設整備指針、学校施設設計指針によって、きわめて細かなガイドラインが示されている。しかし、それらは単なる基準法やガイドラインとしての指針なのではなく、国庫助成の具体的基準となっており、自治体の施設建設に実質的な強制力をもっている。

教育委員会にかつてと異なり予算編成権がないとはいえ、首長の側にもこれらの法令・指針・補助助成基準を「逸脱」した予算編成の裁量権があるわけではない。結局のところ、ナショナル・ミニマムとしての学校施設の全国平準化が強力に推進され、しかも政治的立場の違いを越えて支持されてきた歴史過程においては、文部省から市町村教育委員会にいたるタテ系列の事務局に、事実上予算編成権が握られてきたとさえいえる[10]。

ところで、このような状況のもとで教育委員の直接公選制復活やそれに類する制度の導入を主張することに、どれほどの意味があるだろうか。地方教育行政法の制定やそれに先立つ文部省設置法の改正は、たしかに文部官僚の失地回復と当時の政治状況を踏まえて教育への国家の介入を強化しようとするものであった。しかし同時に、学校教育法のみならず個別教科の振興法、国庫助成法とそれにともなう指針が密度を高めたのは、文部官僚の「恣意」と「裁量」なのではなく、日本国憲法第二六条を基礎前提とした教育内容と施設に関する平準化要求が、広範に展開されたためでもある。社会福祉行政についても同様のことがいえるのだが、教育を受ける権利の保障論がサービス密度の向上要求に傾斜することによって、文部官僚の影響力強化を支えたのである。少し皮肉ないいかたをすれば、「革新派」「進歩派」の教育向上運動と文部官僚は、アベック闘争を大蔵（財務）省に対して試みたといってもよい[11]。したがって、教育に対する市民自治の確立のためには、教育委員会なる合議制機関のメンバー選出方法の改革にとどまらずに、より根本的な改革を構想する必要があろう。

3　首長のもとの教育行政と市民自治

自治と政治的正当性

二〇〇一年四月、出雲市長は教育委員会事務局機構のうち生涯学習（社会教育・社会体育）部門を市長部局へ移管した。当初の市長の構想は、教育委員会自体の廃止を構想するものであったが、文部省は島根県教育委員会を通じて地方教育行政法上許されないことであるばかりか、「教育の政治的中立性」を侵すものとの見解を表明した。これに対して出雲市長は、国旗・国歌法の制定以降の日の丸・君が代の児童・生徒に対する「強要」は、個人の信条に対する介入との社会的批判をあげて、「教育の政治的中立性」を主張する文部省へ疑問を提示した。

すでに社会教育（体育をふくむ）については、松下圭一『社会教育の終焉』（筑摩書房）が、そこにみられる国家の後見性がいかに市民自治・市民文化と相容れないかを縦横に論じ、社会教育行政の廃止を提起している。しかし、社会教育行政部門を首長のもとに移管し教育委員会の所管から外す動きが全国的に生じているわけではない。社会教育をふくめて教育行政の論理構造は、実は、地方分権改革の指向する市民の自治＝自己決定と対立しているのであり、この論理構造の否定なくして教育行政の分権化は進行しがたいであろう。

教育行政学者や文部官僚によって細部の定義に違いがみられるものの、彼らは教育行政を国家機能であり統治作用ととらえ、したがって主体は国家、具体的には国および地方公共団体であり、客体は国が主体の場合には国民、地方公共団体の場合には地域住民であるとする。客体には平原のように教育委員会や学校をふくむべきとの意見もあるが、いずれにせよ、ここには国家統治作用に発する主体―客体論が支配的である[12]。行政主体を国家とし住民さらには教育委員会・学校をも客体とするところには、教育行政の自治の視点は築かれようがない。こうした主体―客体論の一方において、すでにみてきたように教育への民衆統制が強調される。だが、アカデミック・プロフェッションとしての教育行政学界に身をおかない者からみると、主体―客体論と民衆統制論は整合性をもつものではない。そして、国家統治作用の発現として教育行政をとらえる限り、「教育の政治的中立性」は市民の関与を排除した国家意思の表明でしかなくなる。

教育行政は、国家統治機能の発現などではない。教育活動とりわけ初等・中等教育は、知的能力の開花に向けた市民の集団的営為であり、教育行政はいずれの段階の政府活動であれ、基本的にこの集団的営為をサポートする活動である。この概念の転換がない限り、教育行政が国家の「無謬性」神話から解放されることはないであろう。

ところで、教育行政に限らず地方分権改革が指向するのは、市民の政治的かつ生活空間を市民が自己決定できるシステムの構築である。もちろん、具体的な政府システムの設計にあたっては、多段階の政府体系を前提として機能の相互補完を考えねばならない。しかし、自己決定を基本とした政策の作成と実施は、地域住民の政治的代表性に裏打ちされた政治的正当性を有する政治部門によって指導されることが肝要である。

二〇〇〇年四月の地方分権改革によって都道府県教育長の文部大臣による事前承認制が廃止されたばかりか、教育長は市町村教育長と同様に教育委員のなかから選出されることになった。人事の実際にどれほどの違いが生じるかはともかく、教育長の政治的代表性は形式的にいう限り、従前より高まったといえるかもしれない。しかし、自治体の政治制度は、揺るがしがたい政治的代表性に支えられた政治的正当性を有する首長のもとにある。教育委員会制度は、教育オンブズマンのような紛争の調停・裁定や教育行政の評価・監査・是正措置を権能としているのではなく、広範な事業実施機関である。先のような教育と教育行政に関する概念の転換を前提として、教育の民衆統制を教育の市民自治ととらえるならば、そもそも特定かつ広範な事業領域を首長とは異なる「政治部門」のもとにおく必要性は、希薄であるといわねばなるまい。政治的代表性と正当性をもつ首長のもとに教育行政部門を位置づけ、市民の集団的営為としての教育活動を支援すればよい。

首長のもとの教育行政部門と政府間関係

教育に対する不当な支配を排除するためには、一般行政とは別個の行政機関を必要とする、地方教育行政法はこの命題に反する法制であるとの意見が、今日なお影響力を保っている。しかし、「不当な支配」を行う主体とはだれであるのか。これまた一種の神学論争が展開されてきたといわねばならない。首長のもとに教育行政部門をおくならば「不当な支配」に道がひらかれかねないともされる。しかし、政治からまったく中立な教育行政なるものが存在するであろうか。「不当な支配」論で忘れられているのは、選挙を通じた政治部門の統制であり、教育行政をコントロールする多元的システムの創出である。教育行政を市民に最も身近な政府である自治体の首長のもとにおくことによって、政治的統制のシステムは、最も効果的に機能するといえる。

もちろん、教育活動を市民による知的開花のための営為とし、教育行政をそのサポートと位置づけても、とりわけ初等・中等教育については、一定の教科の内容や施設、教員配置などの全国的基準を必要としよう。問題はすでに繰り返しみてきたように、これらに関する立法が内閣統轄下の行政機関に所掌され、指導・助言の名のもとに統制力を強化してきたことにある。二〇〇〇年四月の地方分権改革によって、学級編制基準などの機関委任事務は廃止された。もともと「基準」を「標準」とし、超えることのできないレベルとしてきた文部官僚の論理は制度上の正当性を失っているのである。しかし、将来にわたって基準をあくまで全国的ミニマムにとどめるためには、地方教育委員会の権限強化ではなく、文部科学省の初等・中等教育局をはじめとする学校教育部門を独立行政委員会として、内閣の統括から外すことである。

憲法学の解釈の定説は、裁決や審決などの準司法機能は、そもそも国会のコントロールに親しまない作用であるから、それが内閣の監督を受けないとしても、とくに問題は生じない。しかし、国会のコントロールになじむ行政委員会の一般行政作用が内閣から独立していることは重大な問題となるとする[13]。しかし、「国会のコントロールになじむ一般行政作用」とは何を意味しているのかは、はなはだ不明である。憲法第六五条は「行政権は、内閣に属する」としているが、内閣に属すべき行政権を判断する権能を有しているのは、「国権の最高機関」である国会である。内閣を頂点としたいかなる行政機関も、国会制定法によって存立を認められている。内閣から独立した行政機関を設置し、その活動を統制することは、国会の権能を強化することはあっても弱めることはない。独立行政委員会として学校教育行政部門を設けることによってはじめて、国家統治機能としての教育行政概念を実体として否定でき、「国権の最高機関」のコントロール下に最低基準の設定をおくことができる。

中央教育行政機関の改革が実現するならば、それぞれの自治体は、設置する学校の種別に応じて、教育の環境的条件や具体的学習内容を定めればよい。このようにいえば、一部の教育学者や教育従事者から「学問の自由」を保証しえないとの異論ないし批判が生じよう。だが、知的探求や発表・表現の自由、教授の自由は、首長と議会なる二元的代表機関のもとにおくからこそ、保証されるのである。さらに加えていえば、各自治体ごとに教育行政の能動的デスクロージャーを法制化するとともに、オンブズマン制度に象徴される教育に対する異議申立て機関を設置し、透明性を高めるべきである。また学区ごとに地域住民からなる学校評価委員会を設け、教育関係者が常に口にする「開かれた学校」の度合いを評価すべきである。

要するに、中央教育行政機関を内閣統轄からはずすことによって、市民自治に立脚した教育行政の基礎条件が作られるとともに、身近な自治体を基底とした上昇型の教育行政システムが創造できるのである。

税財政の地方分権化と教育行政

二〇〇〇年四月の地方分権改革は、中央各省の自治体に対する関与の緩和を実現した。残されている地方分権改革の課題はなお多数存在するが、なかでも重要であるのは税財政の分権化である。自治事務・法定受託事務にかかわる個別の補助・負担金の一括化や個別奨励的補助金の廃止を前提とした国税の地方移管などが、追求されていかねばなるまい。一方、地方分権改革と思想を同一としているかはともかく、小泉純一郎政権下の経済財政諮問会議は、地方の自立を掲げ地方交付税交付金の縮減、道路特定財源の見直しをふくむ公共事業補助金の削減を提起している。

いずれにしても、戦後日本の中央—自治体の税財政関係の改革は免れない。教育財政制度は一方における国家統治機能の発現、他方における「教育を受ける権利の保障」に支えられて、集権的構造をきわめてきた。教育関係の個別補助・負担金の水準が、実質的には教育に対する国家責任の実現度合いを計る論争の対象ともなってきた。しかし、教育行政の分権化にとって不可欠なのは、教育内容などに関する諸立法が定める詳細な基準設定を廃止することとならんで、行政統制に道を拓く個別の補助・負担金を廃止することである。

かつてシャウプ勧告は、国の設定する教育のミニマム水準にかかる経費を自治体一般財源として平衡交付金制度によって交付することを提起した。今日なおシャウプ勧告に対する評価は高いが、平衡交付金制度は、地方経費の不足分を国税から一般財源として補填するという意味において、垂直的財政調整制度の要素を残すものである。

中央と自治体との財政調整制度の基本におかれるべきは、国税と地方税のシェアを最終消費比率に応じて転換することであり、そのうえで自治体間による水平的財政調整システムを構築することである。学校などの教育施設の整備は、一九五〇年代や六〇年代と大きく異なり格段の向上をみている。

空き教室や廃校が生じる状況においては、他の目的への転用こそ重要課題であっても、その整備が自治体財政の緊急課題とされることはない。義務教育施設の整備は、一般財源をもとにした政策の優先順位を首長部門が設定し、そのなかで推進すれば済むことである。問われるのは自治体計画行政の水準である。

おそらく伝統的な教育財政の考え方に照らすとき、異論の対象となるのは、教育を受ける権利の保障に立脚した学校運営経費の保障であるだろう。しかし、国税と地方税の最終消費比率に応じたシェア転換は、従来から支出されている国の経費部分をふくんでいる。中央に設けられる独立行政委員会の設定するミニマム基準に応じた自治体支出は可能となる。これを上回る支出は個々の自治体の裁量となるのであって、それこそ教育行政の地方自治を具現するものといわねばなるまい。ミニマム基準すら守らない自治体政治部門が仮に出現したとすれば、市民による政治的統制によって退却させられることであろう。

教育行政の地方自治に関する議論の核心は、一方において教育の民衆統制をいいつつ、他方で憲法第二六条を大上段に掲げて全国的平準化のための財政保障を中央教育行政機関にもとめた結果、逆に地方自治を形骸化してきたことにある。このパラドックスが広く認識されねばならないのである。

4 むすび

二〇〇〇年四月に始まる地方分権改革は、機関委任事務制度の全廃に象徴される中央各省の関与の緩和に道を拓いた。とりわけ、都市計画法制における関与の緩和は、市民の自治によるまちづくりを可能としよう。もちろん、都市計画法制に限らずこの関与の緩和を受けていかにまちづくりを試みるかは、自治体政治のアクターの能力にかかっている。

ところで、こうした新しい局面の形成にもかかわらず、学校教育を中心とする自治体教育行政は、そこから取り残されている。中央から自治体にいたる教育行政は、法制度上の関与ではなく指導・助言を中心としてきた。その結果、教育行政の地方分権改革は、有力なアジェンダとならなかった。また、教育行政に独特な論理構造が地方分権化による「差異」の拡大を拒んできたともいえる。さらに、戦後教育行政改革が公選の教育委員制度を創設したことを教育行政の民主化として捉え、そこへの回帰が教育行政の地方分権化であるとする論調が依然として強いことも、教育行政改革のデザインを遅らせてきた要因である。

教育学者らは、一般行政と教育行政を一体化させてはならないという。しかし、その論理が文部科学省を頂点とする一種の「独立王国」ともいうべきタテ系列の行政システムを築いてきたのである。この点に着目するとき、タテ系列そのものを改革し、自治体政治部門の統轄下に教育行政をおき、同時に中央教育行政機関の改革を果たすことこそ、教育行政の地方分権化に欠くことのできない条件であるといわねばなるまい。市民自治の成熟があったからこそ機関委任事務制度の廃止に結びついたのであり、自治体政治部門への信頼のないところには、いかなる地方分権改革も進展しないのである。

●注

1 兼子仁『新 地方自治法』岩波新書、一九九九年、一一三頁。
2 平原春好『教育行政学』東京大学出版会、一九九三年、一一四頁。
3 荻原克男『戦後日本の教育行政構造――その形成過程――』勁草書房、一九九六年、三五―五五頁。この研究によれば、前田多門は文部大臣就任時より、教育行政の一般行政からの独立を主張しており、田中耕太郎も都道府県教育委員会・市町村教育委員会の上部に地方教育総長をおき、一般行政からの独立を強調している。
4 平原春好、前掲書、四六頁。
5 機関委任事務の件数は、地方分権推進委員会スタート時点において、都道府県知事に対するもの八件、都道府県教育委員会に対するもの一九件、市町村教育委員会に対するもの一〇件であった。
6 この点について詳しくは新藤宗幸『講義 現代日本の行政』東京大学出版会、二〇〇一年を参照されたい。
7 荻原克男、前掲書、二三六―八頁。
8 同前書、九四―五頁。
9 拙著、前掲書。
10 新藤宗幸編著『自治体の政府間関係』学陽書房、一九九二年。

11 福祉行政に関する同様の問題については、拙著『福祉行政と官僚制』岩波書店、一九九六年を参照されたい。

12 平原春好、前掲書、四頁。

13 芦部信喜『憲法（新版）』岩波書店、一九九九年。

（東京市政調査会編『分権改革の新展開に向けて』日本評論社、二〇〇二年）

改革の時代と行政研究

【技術的行政学の「再生」を】

私が行政学会に入会を許されたのは、一九七二年の京都での大会時であった。それから二八年が経過し、この間には九四—九八年まで学会事務局として事務処理に係わった。つくづく感じるのは、行政学ならびに関連研究の研究者の層が厚くなったことである。行政研究者の増加は、アカデミック・プロフェッションとしての行政学界にとっては喜ばしいことだが、すぐれて政治的営為である既存の政治・行政改革についての評価、あるべき制度デザインなどについての認識は、多様化ないし拡散せざるをえないのも現実である。

とりわけ、行政改革の時代というよりはむしろ改革の時代というべき状況にある今日、個々の行政研究者には、否応なく一連の改革についての評価が問われる。それは同時に行政研究の基本的視角を問うものである。今村都南雄氏は、二〇〇〇年度の行政学会パネル「行政改革の時代と行政学」のレジュメにおいては、「行政学においては、……何をなさねばならないかという義務的行為を評価するための『適切さの論理』の適用がもとめられる」と述べた。いわんとするところは、よく理解できるのだが、「適切さの論理」に学としての一体性を期待することは、ほどんど不可能である。それはあくまで個々の研究者の内面に発するものである。翻っていえば、「因果関係の論理」によって導かれた結論（仮説）には、研究者本人の認識度合いはともあれ、「適切さの論理」が内包されている。実際、今次の行政改革と同時進行した地方分権改革を取り上げても、行政研究者間の戦後日本の中央―自治体関係をめぐる認識は分化しており、機関委任事務制度の廃止を軸とした関与の緩和を改革のアジェンダとすることで、意見の一致をみていたわけではない。それどころか、中央―自治体関係を行政統制モデルに「傾斜」して描くこと自体に異論が存在している。機関委任事務制度の廃止で意見の一致をみたグループ内においても、その後の中央―自治体関係のあり方については、評価が分かれたのが実態である。

したがって、行政システムのめまぐるしい変化と行政研究者の増加を踏まえるならば、行政研究ならびに研究者にもとめられているのは、「因果関係の論理」に内在する規範的認識にまで立ち入った論争の活性化ではないだろうか。そのことが、行政学界が全体として見落としてきた、あるいは取り組んだとしても弱体であった分野を、行政研究の焦点として浮上させることにつながるといえよう。

1　行政における伝統的規範と改革

さて、二〇〇一年の行政改革には多様な論点が含まれている。そもそも、橋本首相自らが主宰する政令で設置された行政改革会議の組織形態を問題視し、法律を設置の根拠とした第一次臨調、第二次臨調はもとより行革審などと比較し、「摩訶不思議な審議機関」といった論調もあった。しかし、行政改革会議は別に「摩訶不思議な審議機関」ではない。行政改革の審議機関に定型化された組織形態なるものは存在していない。政権党内はもとより、所属派閥内にすら盤石な支持基盤を持たない首相は、政党政治の拘束から相対的であれ逃れられる「政治ショー」の舞台をしつらえたのである。行政改革会議は、首相のそれなりの政治的知恵の産物であった。

日本最大の発行部数を誇る新聞社社長や公共放送の会長が委員として迎えられながらも、行政学者が加えられなかったことを、これまた過去の例と比較しつつ、「落胆」した論調も展開された。しかし、政権が行政学者を委員とすることに政治的効用を感じなかったのであり、そのことをもって、行政改革会議を批判するのはいささか「的外れ」といわねばなるまい。もちろん、行政学が行政改革のグランドデザインをなしうるだけの理論的蓄積をはたしているかどうかを自省してみる必要はあろう。だが、行政学者が委員に加えられなかったことと学としての行政学の存在意義とは、まったく別個の問題である。

行政学にとっていささか問題であることは、そのような比較ではなく、行政学者のあいだから今次の行政改革の課題とは何かを提起する動きが、低調であったことではないだろうか。私は、今次行政改革の最大の課題は、現行憲法体制のもとでなお生きつづける戦前・戦後連続体制に完全にピリオドを打ち込み、この国に政治的民主主義を確立することにあると考える。この命題のもとで行政学は、政治学一般とは異なる課題を背負い込んでいるといえよう。

現代政治においては行政官僚制による集団作業としての行政が大きな比重を占める。とはいえ、階統制的に組織された行政官僚制が、政権党・執政部をはじめとする多数の政治アクターといかなる関係を織り成しつつ行動しているのか、あるいは政治的意思決定が、官僚制と他の政治アクターとのいかなる相互作用の結果であるかを分析することは、行政研究の一端ではあっても「本質」部分ではないのではないか。一九八〇年代の一時期、政権党と官僚制のいずれが意思決定において優位しているかが、政治学者・行政学者を巻き込んで議論された。分析視角によって異なる結論（仮説）を導きだすことができる。だが、行政を行政たらしめているのは、政権党との関係構造にも増して、法律・予算・計画等の多様な規範形式をとりつつなされる政治的意思決定が、行政官僚制に膨大な業務となって負荷され、政治の論理とは異なる法理、規範、技術をもとにして遂行されていることである。

とりわけ、日本における業務の遂行は、官庁法学（国家的政策法務）に基本的に支えられた、官僚制自らによる膨大な行為準則の作成とその執行に特徴づけられる。しかもその執行は、行為準則の機械的なそれではなく、組織単位としてばかりか個々の行政官の裁量行為を不可避としている。加えて、行政組織制度と人事管理制度もまた、政党や利益集団等の政治アクターから隔絶された世界である官庁法学を基本として、組み立てられている。しかも、こうした業務遂行過程は、当然のことながら、それに利益を見出す人々・集団を生み出しており、行政「独自の世界」の強化を促している。

ところで、業務遂行過程は、官僚制による多様な技術の駆使の過程である。行政学もまた、それを支える規範とならんで行政技術のあり様に関心を注がざるをえない。もちろん、その技術は政治権力に担保されつつ駆使されるのだから、行政学も政治権力のあり様に関する価値判断から無縁のところに存在しえない。そこに行政に関する評価の違いが行政研究者間に生じるが、にもかかわらず行政研究は、行政官僚制が展開する技術のあり様に関心を傾斜させていく必要性がある。したがって、行政研究に課されていることは、この業務遂行を支える規範と技術の分析を通じて、それらの妥当性を判断しつつ、行政を支える諸制度——それは国の基幹的制度レベルにとどまらない——を設計していくことにあるのではないか。この意味で、行政学は同時に公法学の認識枠組みに関心を注がざるをえない。言い換えれば、行政学者は、意識的であるかどうかはともかく、公法学への「従属」状況から自らを解放することを問われている。

先にもふれたが「新しい日本政治学」として、政権党・議会は官僚制を有効にコントロールしており、官僚制に勝るとも劣らない政策作成能力を備えているとの言説が展開された。戦後憲法体制の主権原理を承認するとき、政治が官僚制に従属しているなどとみる者は誰もいない。議院内閣制のもとでの政権党の長期化が、政治の官僚制に対する影響力を高じさせたのも当然である。しかし、ここでいいたいのは、個々の政治的意思決定におけるパワー・ゲームの評価ではない。

日本国憲法の主権原理は、政治・行政研究者もふくめて市民が考えるほど、官僚制の行動規範においての「当然」の原理とされているわけではない。芦部信喜氏は『憲法（新版）』（岩波書店、一九九九年）において、憲法第四一条がいう「国会は、国権の最高機関」について、「国会が国政の中心的地位を占める機関である、ということを強調する政治的美称である」とし、さらに「国会が最高の決定権ないし国政全般を統轄する権能をもった機関であるというように、法的意味に解することはできない」としている。そして、「行政権は、内閣に属す」とした憲法第六五条については、いわゆる控除説に立って行政権を説明し、その帰属を定めた条項であるとしている。

国会が国権の最高機関であることを「政治的美称」と解釈したのでは、行政権は無限の増殖を繰り返すことになる。行政権が内閣に属すとしても、内閣に属すべき行政権を決定するのは、内閣ではなく国会の権能でなくてはならないはずである。しかし、残念ながら、こうした行政権の「絶対的優越性」は、芦部憲法学の独創ではなく、官庁法学の基本をなしている。だからこそ、総務庁行政監察局の国会への移管といった野党構想に内閣は「行政権の侵害」といった理由を掲げて、明確な拒否の態度を示したのである。

それればかりではない。私はこれまでにも著書をはじめとして繰り返し指摘してきたが、日本の行政組織法令における所掌事務規程は、その多くにおいて行政作用法との整合性をもつものではない。本来、行政組織法令は主権者たる国民が自らのサーバントである公務員とその集合体である行政組織の行動を律するための規範であって、それ自体では国民に対する公権力行使（それが事実上の行政行為であるとしても）の根拠規範とはならないはずである。国民への公権力行使の根拠規範である行政作用法が存在し、その所管庁が法的に明示されたうえで、所掌事務として行政組織法令に規定されるべきものである。

ところが、現行憲法ならびに国家行政組織法に基づき設置の根拠を官制（勅令）から法律へと転換を迫られた官庁は、従来の官制をほぼそのまま設置法案として国会に上程した。そこでは、本来、改革の焦点とされるべき行政組織法令と行政作用法令との整合性など、まったく省みられもしなかった。このことは、二〇〇一年の行政改革による中央省庁再編と新省庁の設置法令の作成作業においても、まったく改められていない。こうして、先に述べた「行政権の優越性」と熟考されないままの「法律による行政」の規範の強調ゆえに、行政権は「無限の増殖」を繰り返す条件を入手し今日に至っている。

さらにもう一点、今回の行政改革に関連して指摘しておこう。今回の行政改革では首相指導の強化が目標のひとつに掲げられた。「行政権は、内閣に属す」というが、内閣運営を基本的に支えているのは、内閣法第三条第一項「各大臣は、別に法律の定めるところにより、主任の大臣として、それぞれの事務を分担管理する」、ならびに国家行政組織法第五条第一項「各省の長は、それぞれ各省大臣として、内閣法にいう主任の大臣として、それぞれ行政事務を分担管理する」に規定された「所轄の原則」である。首相といえども、自らが主任の大臣である総理府以外を指揮監督できない仕組みが作られてきた。

この欠陥を是正し首相指導体制を確立するとして、今回の行政改革では内閣法第四条第二項の改正が行われた。従来「閣議は、内閣総理大臣がこれを主宰する」としていたものを「閣議は、内閣総理大臣がこれを主宰する。この場合において、内閣総理大臣は、内閣の重要政策に関する基本方針その他の案件を発議できる」と改められた。内閣法第六条が「内閣総理大臣は、閣議にかけて決定した方針に基づいて、行政各部を指揮監督する」としているから、政府の公的見解は、第四条の改正によって首相の指揮権は強化されたとするものである。

しかし、首相指導をいうならば、内閣法第六条の条文中から「閣議にかけて決定した方針に基づいて」の部分を削除すべきなのである。ところが、内閣はあくまで「合議体」とする官庁法学＝内閣法制局見解とそれに基づく行政改革会議事務局官僚の抵抗によって、一時期議論された第六条改正は着手されないままに終わった。新設された内閣府は国家行政組織法から外されているが、内閣法第三条第二項ならびに国家行政組織法第五条第一項も従来通りであり、制度設計論としていう限り、首相指導体制は成功をみていない。芦部憲法学のいう「行政権は、内閣に属す」の解釈をより正確にいうならば、「行政権は、各省に属す」に限りなく近づくのである。戦前期の閣僚「単独輔弼制」は、形を変えつつ官庁法学と実務に生きつづけているとさえいえる。

以上にみてきたように、行政の世界における伝統的規範は、行政権に対する国会統制を否定しているばかりか、行政組織法令の裁量解釈による行政権の増殖を支えている。また各省割拠体制を許し執政部権力の弱体化をもたらしている。そして、これらを基本として官僚制による業務遂行の組織と手続き過程が精緻に組み立てられている。政治の優位がいかに説かれようとも、具体的な政治的意思の発現は、この精緻にかつ独自の法理によって構成されたメカニズムを介さずして不可能である。だからこそ逆に、補助事業の個所付けといったミクロ的意思決定に政治が介入することになる。

繰り返すまでもなく、政治から行政を隔絶する伝統的規範とそれにもとづくシステムの「自律性」を問題視したい。この意味で、行政学にいま問われていることは、官庁法学に支えられた官僚制の内部装置と作動の論理を、解明していくことであるといってよい。

2　改革の時代と行政研究の価値

一九九〇年代初頭より「改革の時代」が叫ばれてきた。政治改革（選挙制度改革）にはじまり、行政改革、財政構造改革、地方分権改革、経済構造改革、金融改革などがそれらである。こうした論調は二一世紀に入っても継続していくに違いない。これらの改革アジェンダは、いずれも日本の行政システムの根本的組換えを必要とするものばかりである。

行政改革、財政構造改革などの必要性は、個別に検討すれば幾点もの理由をあげることができる。しかし、その最も基底要因は、日本の行政システムが経済社会との境界をきわめて不鮮明としており、さらに中央―自治体の政府体系においても境界が不鮮明であることにみることができる。仮に、この境界が鮮明であるならば、行政に対する改革のインセンティブが経済社会から生じるであろうし、中央政府の財政政策に対する改革の入力が自治体から生じるはずである。だが実態は、中央政府官僚制と経済社会の間には、どこまでが官でありどこから民であるか定かでない、分厚いグレーゾーンが形成されている。中央―自治体間についても、二〇〇〇年四月の地方分権改革によって機関委任事務制度が全廃されたが、五〇年余にわたって中央行政機構さらには国家公務員とはどこまでをさすのか、定かでない構造が作られてきた。

行政研究は、それを職業とする者の分析的関心を欠いては成立をみない。しかし、そこにとどまるべきではなく、政府体系に対する改革の入力を確保する装置の学問的デザインを価値とすべきではないか。そのためにも前項で述べた行政独自の法理にもとづく制度に関する研究を蓄積していくべきであろう。この意味で、行政学界の共有財産となりうるのは、昨今の地方分権改革である。

行政学者のあいだでも中央―自治体関係の評価は決して同一ではない。村松岐夫氏に代表されるように、戦後の代表システムの定着によって、日本の中央地方関係にも「地方から中央へ」向かう影響力のメカニズムが強化されたとして、相互浸透型と位置付ける見解がある。また自治体間の「水平的競争」が展開されることによって、相互浸透型のもとで自治の実績が蓄積された、とする評価もある。しかし、この「相互浸透型」として発展をみた戦後とりわけ高度経済成長期以降の中央―自治体関係の根幹に位置したのは、首長ならびに行政委員会を主務大臣の下級機関とする機関委任事務制度であった。自治体間の代議士を動員した水平的競争に自治の蓄積をみるのではなく、同一行政庁内の上級機関と下級機関間関係が、戦後憲法体制のもとで増殖し、法令のみならず通達・通知・告示なる行政規則によって自治体行政が規制されてきたことを問題視したい。同時に、この行政統制構造の存在ゆえに、戦後地方自治改革が予定した自治体政治・行政における二元的代表制も、機能条件を十分に備えることができなかったのである。

地方分権改革が、とりあえずの戦略目標を中央各省の自治体に対する関与の緩和に設定し、機関委任事務制度の廃止に結実したことの意義はきわめて大きい。住民の政治的代表機関を主務大臣の地方機関としてきた制度的矛盾が解消されただけではない。それは、中央各省の行政裁量による無定量な権限増殖のメカニズムに、杭を打ち込むことにも通じる。さらに、そのことにも増して、行政学なる学問的レベルへの地方分権改革の貢献は、機関委任事務制度なるものの実態に接近したことであろう。

私を含めて多くの行政研究者が、「機関委任事務制度」なる言葉を多用してきた。だが、五六一件を数えるとされた機関委任事務の詳細、さらには個々の事務を支える官僚制の論理に精通してきたわけではない。西尾勝氏を中心とした地方分権推進委員会行政関係検討グループは、五六一件のすべての機関委任事務にわたって個々に官僚側と対峙し、その実態を明かす作業を展開した。その作業の全容は、やがて関係した行政学者さらには残された膨大な資料等の分析を行う研究者によって明らかにされていこう。それは、行政学がほとんど未着手であった官僚制の内部装置の解明につながるはずである。

地方分権改革に加えて、今回の行政改革も行政学研究に新たな課題をもたらしている。先にも述べたように、今回の行政改革において強調されたのは、首相指導（政治指導）体制の強化であった。内閣法の基本的改正はなされていないが、内閣府ならびに省庁に副大臣・大臣政務官が設置されることになった。執政部の増員・強化によって生涯職官僚制へのコントロールを強めようとすること自体は、妥当な方策であろう。しかし、いわゆるキャリア組官僚を中軸とした事務次官を頂点とする生涯職官僚制は微動だにしていない。政治的地位はともかく、実質的に事務次官に並立して副大臣を配置し政務官に副大臣を補佐させるとしても、それだけでは政治主導体制を促すことにはならないであろう。

先に行政組織法令と行政作用法令の齟齬を指摘したが、加えていうと生涯職官僚制から構成された行政組織における各ポジションの職務権限は、行政組織法令に何ら規定されていない。この問題点を図らずも明らかにしたのは、現在審理中のＨＩＶ薬害訴訟・松村ルートである。東京地方検察庁は、生物製剤課長であった松村被告を薬害の発生を知りつつも「総括整理」を怠ったとして、業務上過失致死罪で東京地裁に起訴した。しかし、厚生省設置令のどこにも課長職の責務が「総括整理」にあるとは記されていない。そもそも「総括整理」とは何を意味しているのかも不明である。

行政学はこうした組織法令のもとでの意思決定を、時に「無責任の体系」とよび、また別に「最小資源での最大動員システム」の一因としてきたが、実は階統制的に組織された行政組織単位のそれぞれにおいて、あるいは上部の組織単位との関係において、曖昧模糊とした所掌事務規程のもとで、いかにして意思決定がなされているかを、充分に解明してきていない。ただし、少なくともここでいいうることは、執政部の政治的任命職が生涯職官僚制を指導するためには、個々のポジションごとの職務権限を明確にした行政組織制度、公務員制度を必要としていることである。私のみならず、政治的任命職の範囲の拡張によって、生涯職官僚制をコントロールするとともに、国会＝政治的美称説の打破を望む声は強いのだが、そのためにも内部的意思決定メカニズムを解き明かさねばなるまい。

ところで、先に日本の行政システムが、経済社会との境界をきわめて不鮮明にしていると述べた。それは全体としていえば戦後経済発展が、「官僚制に仕切られた市場」の形成を軸として推進された結果である。しかし、境界の不鮮明さに具体的にメスを入れるとすれば、そのターゲットは各省大臣が民法第三四条にもとづき許可した財団法人、社団法人などの公益法人である。大臣許可の公益法人は七二〇〇余を数える。これらの活動内容は多様である。業界団体として官僚制との共同統治ルールの作成に関与しているものもある。また、たとえば財団法人郵政互助会は日本郵便逓送株式会社を設立し郵便集配業務の一角を担っている。財団法人道路施設協会（九八年に財団法人道路サービス機構とハイウェイ交流センターに分割）はハイウェイサービス株式会社に出資し、同社は高速道路の補修・清掃・樹木の剪定などを行っている。このように、営利法人を設立して官営事業の一角を独占的に担っている法人もある。

しかし、ここでより注目しておきたいのは、官庁が自らのイニシアティブで設立した公益法人を、規制行政活動の代行機関として活用していることである。検査・検定・試験などの規制行政権限を有する官庁は、法律、政令、省令に加えて通達、告示などによって一定業務の実施を特定の法人に委託している。たとえば、建設省は、コンクリート主任技師資格試験、ダム建設技術・技術審査証明などを、通産省は各種工業製品の規格認定などを指定法人に代行させている。一九七二年以前には、こうした指定件数は八〇を数えるにすぎなかった。だが、八二年度には三三四件、九七年度には四四八四件にまで増加している。規制緩和、許認可権限の整理あるいは人員の抑制がいわれるなかでの官僚制の「知恵」といえば、それまでである。しかし、ここに日本の行政システムの重要な特徴を見出すことができよう。

公益法人ならぬ官益法人に規制を加えるには、明治民法典以来変らぬ民法第三四条を廃止し、公益法人の設立を準則主義に改めることである。しかし、そのような処方箋に加えて、学問的に関心の引かれるのは、公益法人設立の許可権限と業務遂行の裁量に基づく行政規則を手段として、行政領域が民間法人による業務の形態を取りつつ「無限」に広がるメカニズムである。いい換えるならば、こうした裁量行為に対するクリアリング・ハウスの設置と審査基準を、いかに構想するかが課題とされていよう。

3 むすび

行政学研究の課題は、昨今のトピックスにそくしても、政策・事業評価のシステムと手法をいかに開発するか、予算会計制度と予算管理システムをどのように構想するか、さらには緒についたばかりの地方分権改革を前提として、一国多制度まで含めて中央―自治体関係と自治体の政治行政制度をいかに多様化すべきか、およそ枚挙にいとまがない。

ところで、戦後日本の行政学のみならず国際的にみても、行政学のキイワードであったのは、行政国家であり福祉国家であった。政治権力の実質的所在および政府職能の変化を表象するこれらのキイワードを前にして、行政学は行政官僚制をキイコンセプトとしつつも、その対外的機能に関心を注いできたといってもよい。より具体的には、官僚制と他の政治アクターとの相互作用を軸とした政策実施過程研究である。もちろん、その一方で行政分野別ないし国の基幹的制度の歴史研究をはたしている。しかし、その際にも先のキイワードが重視され、個々の行政分野や制度にいかなる変化が生じたのかを中心的テーマとしてきた。その意味で、全体的状況としていえば、行政学は政治学に限りなく接近したといえる。あるいは、行政学が現代政治分析を担ってきたといってもよかろう。

しかし、順調な発展を遂げるかのように考えられた福祉国家は、一九八〇年代には厳しい批判の嵐に曝された。福祉国家は相対的であれ、一国主義的経済発展が可能であった時代の産物であり、反福祉国家の論調はともかく、グローバルに経済が進行する状況のもとでは、集権的政治行政構造を基本とする再配分政策は機能するものではない。行政国家が福祉国家をもたらし、福祉国家が行政国家を強化したともいえるが、巨大に成長した行政官僚制の改革は国際的に俎上に載せられている。九〇年代を前後する頃より台頭をみているＮＰＭ（ニュー・パブリック・マネジメント）も、その具体的表れのひとつである。

こうして、行政研究は、あらためて官僚制の内部的装置の分析とそれによる制度設計をはたす時代を迎えているし、またそれを自覚的に追求していくべきであろう。時代と政治的文脈を異にするが、一九世紀末から二〇世紀初頭のアメリカにおける市政改革運動が、近代的行政制度の設計と管理の技術開発に寄与したようにである。とりわけ、すでに一端をみたような独特の法理に支えられ精緻に作られてきた日本の行政システムを前にするとき、行政研究は、民主主義的政治体制を確立しうる行政システムの設計、その技術開発に努めるべきではないか。それは、われわれ行政研究者の先達がどちらかといえば低い価値を付与した「技術的行政学」を、新たな時代状況のなかに再生させることでもある。

（原題「行政改革の焦点と行政研究の焦点」日本行政学会編『年報行政研究36・日本の行政学』二〇〇一年五月、ぎょうせい）

あとがき

本書は、わたしがここ二年間ほどに雑誌に発表したエッセイと論文からなっている。なかでも『論座』（朝日新聞社）二〇〇一年二月号から二〇〇三年四月号までに連載した「ふろんと・らいん」が軸となっている。

一夜明けたからといって社会や政治のシステムに大きな変化が生まれるわけもないが、二一世紀の幕開けに際して閉塞感漂う社会からの脱出が、社会的に期待された。しかし、実態からいえば「失われた十年」といわれた九〇年代以上に政治経済、社会の病理は進行しているといってよいのではなかろうか。与野党間で激論が交わされることもなく、有事法制関連法や民間および行政機関に関する個人情報保護法が制定されるかとおもえば、「天の声」に応えるかのように将来をさして展望することもなく、市町村合併や住民基本台帳ネットワークの構築が進行した。二〇〇三年三月二〇日にはアメリカ・イギリス連合軍を主体とするイラクへの軍事侵攻が始まった。日本政府はいち早くアメリカ支持を打ちだしたが、イラク攻撃の大義名分とされた「大量破壊兵器」は、ブッシュ大統領による戦争終結宣言後も発見されていない。「世界で一番大量破壊兵器をもっているのはアメリカではないですか」という子どもたちの「素朴な疑問」に、わが宰相はどのように答えるのだろうか。政治が素朴に真実を見詰めようとする眼に真剣に応えないからこそ、食品の偽装表示や政治家や秘書の口利きといったスキャンダルが蔓延するのだ。

本書に収録した論稿のモチーフは、この国が過剰同調社会であるばかりか社会的閉塞感の深まりのなかで一段と強まってしまっていること、そこからの脱却なくして新しいシステムの創造はありえないことを、この間に生じた問題事象を素材として論じることにあった。社会の過剰同調傾向に本来ならば歯止めをかけるべき学問の世界においても同様である。いかなる法曹や司法システムが問われているのかを議論せずに、ファッションのごとく法科大学院（ロースクール）の設置に躍起となる法学部などの教員の姿は典型であるが、制度設計と社会のあり方に関する思考を希薄としている学問の責任も大きい。この意味で、過剰同調社会は、私もふくめて研究者にそのあり方の再考をせまっているといってよい。

本書における問題提起には、多様な批判がありうることだろう。しかし、これをひとつの素材として「当然のこと」の中身を吟味する議論がおきるならば、望外の幸せである。

本書に収録した論稿の発表の機会を与えていただいた各誌の編集者の方々、なかでも『論座』編集長であった持田周三さんと同誌編集部の池田伸壹さんにお礼申し上げたい。

本書の出版は世織書房の伊藤晶宣さんのご好意なくしてありえなかった。伊藤さんとはかれこれ四半世紀におよぶ付き合いであり、過去に私の最初の単行本である『アメリカ財政のパラダイム・政府間関係』の編集を手がけていただいた。この出版事情のきびしいなかで出版を引きうけてくださり、編集の労をとってくださったことに感謝申し上げげます。

二〇〇三年十二月

新藤宗幸

著者紹介
新藤宗幸（しんどう・むねゆき）
1946年神奈川県生まれ。中央大学大学院法学研究科修士課程修了後、東京市政調査会研究員、専修大学法学部助教授、立教大学法学部教授などを経て、現在、千葉大学法経学部教授。専攻は行政学。
著書に『アメリカ財政のパラダイム・政府間関係』（新曜社、1986年）『財政破綻と税制改革』（岩波書店、1989年）『行政指導』（岩波新書、1992年）『福祉行政と官僚制』（岩波書店、1996年）『行政ってなんだろう』（岩波ジュニア新書、1998年）『地方分権　第2版』（岩波書店、2002年）『技術官僚』（岩波新書、2002年）『日本の予算を読む』（ちくま新書、1995年）『市民のための自治体学入門』（ちくま学芸文庫、1996年）『講義　現代日本の行政』（東京大学出版会、2001年）などがある。

分権と改革――時代の文脈を読む――

2004年4月15日　第1刷発行©

著者　新藤宗幸
カバー写真　やすら・まきこ
発行者　伊藤晶宣
発行所　(株)世織書房
組版　(有)銀河
印刷所　(株)マチダ印刷
製本所　協栄製本(株)

〒240-0003　神奈川県横浜市保土ヶ谷区天王町1丁目12番地12
電話045(334)5554　振替00250-2-1864

落丁本・乱丁本はお取り替えいたします　Printed in Japan
ISBN 4-902163-05-5